KB211883

看話心訣

간화선 수행,
어떻게 할 것인가

간화심결: 간화선 수행, 어떻게 할 것인가

1판 1쇄 발행 2019. 10. 20.
1판 4쇄 발행 2019. 11. 15.

지은이 수불

발행인 고세규
편집 김동현 | 디자인 지은혜

발행처 김영사
등록 1979년 5월 17일(제406-2003-036호)
주소 경기도 파주시 문발로 197(문발동) 우편번호 10881
전화 마케팅부 031)955-3100, 편집부 031)955-3200 | 팩스 031)955-3111

값은 뒤표지에 있습니다.
ISBN 978-89-349-9290-5 03220

홈페이지 www.gimmyoung.com 블로그 blog.naver.com/gybook
페이스북 facebook.com/gybooks 이메일 bestbook@gimmyoung.com

좋은 독자가 좋은 책을 만듭니다.
김영사는 독자 여러분의 의견에 항상 귀 기울이고 있습니다.

이 도서의 국립중앙도서관 출판예정도서목록(CIP)은 서지정보유통지원시스템 홈페이지
(http://seoji.nl.go.kr)와 국가자료공동목록시스템(http://www.nl.go.kr/kolisnet)에서
이용하실 수 있습니다.(CIP제어번호 : CIP2019039134)

간화선 수행, 어떻게 할 것인가

수불 修弗

김영사

추천사

苦瓠連根苦 고호연근고

甛瓜徹蒂甛 첨과철체첨

쓴 박은 뿌리 채 쓰고

단 참외는 꼭지채로 달다

이 선게禪偈는 문수文殊가 무착선사無着禪師의 대오大悟에 던지는 철골철수徹骨徹髓한 본분납승本分衲僧의 선향禪香과 선미禪味이니, 참수행인修行人답고 진도인眞道人이라는 극찬이다.

바꾸어 보면 스승은 스승다워야 하고 제자는 제자다워야 하며 지도자는 지도자다워야 한다는, 세상을 향한 일할一喝도 깊이 숨어 있다.

우리 수불선백修弗禪伯은 자신의 고불古佛과 노주露柱의 무심삼매無心三昧 속에 실상實相을 엿보고 보임保任하면서 삼십여 성상星霜을 국내외 간화선看話禪 세계화 포교에 원력을 세우고 행역선行亦禪 좌역선坐亦禪으로 오로지 정법안장正法眼藏을 달관達觀해왔다.

몇 년 전에《황금빛 봉황이》와《흔적 없이 나는 새》를 선禪 법문집으로 선보였으며 금번에 또다시《간화심결看話心訣》법문집을 펴내니, 구구절절 깨달음의 문체文體이며 간화看話의 정로정도正路正道로서 일반 선수행禪修行 불자佛子들의 참 지남서指南書이다.

금강경金剛經은 법신연기法身緣起요
법화경法華經은 실상연기實相緣起요
화엄경華嚴經은 법계연기法界緣起이다

이 대승삼부경전大乘三部經典에 경안經眼이 열리고 선안禪眼이 터질려면, 철저하게 아집법집我執法執을 제거하고 일체개공一切皆空을 철오徹悟하여 무일물중無一物中에 무진장無盡藏의 법계일상삼매法界一相三昧를 얻어야, 두두물물頭頭物物이 경經이요 선禪으로 현로現露하면서 대인면목大人面目이 태양처럼 당인當人의 목전目前에 방광放光을 펼친다.

연連하여
'황금빛 봉황鳳凰'은 구포九包의 덕德을 구비한
무위진인無位眞人의 당양현혁當陽顯赫을 드러내며,

'흔적痕迹 없이 나는 새'는 '공활막애 비조묘묘空濶莫涯 飛鳥杳杳',

허공이 넓어 변표邊表가 없음이여!

'나는 새 아득하고 아득하여'라는 선구禪句로

불조삼매佛祖三昧 유희삼매遊戲三昧를

법계일상法界一相 만법일여萬法一如의 반야 지혜般若智慧로써

대자유 대해탈을 염롱拈弄하며

간화심결看話心訣은 절대성絶對性의 선리선화禪理禪話가

심심근원深深根源에 서려 있기에

세속적 상대성相對性 지식으론

접근이 용납되지 않는다.

철저히 자아의지自我意志와 학문적 견문각지見聞覺知를

소제消除하고 털어버리고

신심불이信心不二 불이신심不二信心으로

언어도言語道와 심행처心行處가 단절斷絶하여

당처當處가 확연벽개廓然劈開했을 때

크게 깨달음의 돈오문頓悟門이 열린다.

진화두선眞話頭禪은 임제臨濟 대혜大慧만의 전유물이 아니다.

우리 모두의 전유물이다.

단지 업보중생이 탐진貪瞋과 색성色聲에 집착하여

진실로 감지 못할 따름이다.

우리 안국선원安國禪院은 깨달음이
항상 열려 있는 도심都心의 수행도량修行道場이다.
결제해제結制解制에 불자들의 좌선坐禪 모습은
그대로 고불古佛의 현성現成이요,
청정淸淨한 행주行住들은 길상吉祥의 해운海雲이다.

작금昨今의 지구촌은 몇몇 통치자들의 아주 잘못된
착각 판단으로 인류 공멸의 위기를 맞이했다.
인간의 근원과 전체를 해결하는 이 간화심결이
세계와 인류를 청정일법계淸淨一法界 진실불허眞實不虛라는
진언眞言으로 세상을 향해
일할一喝 우일할又一喝로
구경회향究竟回向을 기도발원祈禱發願하면서.

'우일할又一喝' 이란
훈풍薰風이 유서柳絮를 흔드니
솜털이 둥글어 모구毛球되어 달아나고
취우驟雨가 이화梨花를 때리니
배꽃 잎새 천 개 만 개
호접胡蝶되어 날아가네!

불국사佛國寺 승가대학장
덕민德旻 合掌

목차

1. 간화선의 의의

2. 간화선의 문을 열다

5. 화두 참구 시의 병통

조계종지의 현대적 구현

한국불교는 삼국시대부터 고려·조선시대를 거쳐 오늘날에 이르기까지 그 맥이 면면이 이어져왔다. 조계종단曹溪宗團은 종헌宗憲• 전문前文에 밝혀져 있는 바와 같이, 선불교를 중심으로 불교의 다양한 종파의 가르침을 회통會通하는 통불교 전통을 이어받고 있다.••

또한 "교단이 수행과 전법의 영겁기단永劫基壇•••이 되도록 한다"는 취지에 입각하여, 한국불교의 중흥에 나아가서 조계종지曹溪宗旨를

• 대한불교조계종 운영의 근본 질서를 규정하는 최고 법규로서, 전문前文과 24장 131조의 항목 및 부칙으로 구성되어 있다.

•• "조계종은 선禪을 중심으로 하되 불교의 다양한 종파의 가르침을 회통하는 통불교通佛教 전통의 종단이다." (대한불교조계종 '종명宗名' 설명 중에서)

••• 영원한 세월동안 기초가 되도록 다져서 단단하게 만들어놓은 곳.

현대적으로 구현하는 데 사부대중四部大衆[•]이 합심 노력해야 할 것이다.

국제사회는 21세기 정보과학기술 시대의 흐름을 타고 급변하고 있다. 이러한 때, 다가오는 통일과 명상문화의 세계적인 유행 등 국내외의 다양한 도전에 당면하여, 어떻게 이 국면을 타개하고 중흥의 길로 나아갈 것인가 하는 문제를 제기하고 그 활로를 모색하는 것이 한국불교의 가장 시급한 당면과제라고 할 수 있다.

조계종 종헌 제2조[••]에는 조계종단의 종지宗旨를 분명히 규정하고 있다. 부처님의 가르침을 받들고 '직지인심直指人心 견성성불見性成佛'의 선불교 강종綱宗을 통해 '전법도생傳法度生[•••]'을 실현하는 것이다.

이것이야말로 다른 나라의 불교와는 차별되는 한국불교의 정통성이자 고준함이며, 시대를 뛰어넘어 지향해야 할 바른 목표가 아닐 수 없다. 이처럼 눈 밝은 스님들이 세워놓은 바르고 깊은 뜻을 헤아려, 그것을 실현하려고 노력하는 것이 우리의 시대적 사명이다.

• 붓다의 가르침을 따르는 네 부류의 사람, 즉 출가한 남녀 수행자인 비구比丘, 비구니比丘尼와 출가하지 않은 남녀 신도인 우바새優婆塞, 우바이優婆夷를 일컫는 말.

•• "본종은 석가세존의 자각각타 각행원만한 근본교리를 봉체하며 직지인심 견성성불 전법도생함을 종지로 한다."

••• 진리(법)를 전하여 자신과 중생을 열반에 이르게 인도함.

이를 위해서는 본연의 조계종지에 보다 더 충실하여 '돈교법문頓敎法門•'을 대중화·세계화하는 것이야말로 한국불교의 현대화와 세계 인류를 위한 '전법도생의 보살도'를 실현하는 지름길이 될 것이다.

불조의 정법에 따라 깨달음을 얻는 가장 효율적이고 쉬우며, 빠르고 올바른 수행법은, 한국불교 최고의 자산이자 조계종 공식 수행법인 '간화선看話禪'이다.

간화선이야말로 인류가 발견한 전법도생의 최고의 방법론이라는 것이 조사스님들의 고구정녕한 당부요 소중한 유훈이다. 따라서 '한국불교의 중흥과 현대화'의 지름길은 간화선을 현대에 맞게 훌륭히 되살려내는 데 있다 하겠다.

하지만 오늘날 세계화에 따라 다양한 수행법이 들어와서 대중은 혼란스러워하고 있다. 그 와중에 전통적인 간화선 수행법은 실용성에 민감한 대중으로부터 환영받지 못하고 있는 것도 사실이다. 우리는 그럴수록 더욱더 분발하여 간화선 본연의 가치를 회복하도록 노력해야 한다.

한국불교 중흥을 위한 올바른 길은 '간화선의 대중화와 세계화'다. 이를 위해 수좌스님들을 중심으로 학자들과 사부대중이 합심하

• 문자를 세우지 않고 다만 불성을 밝혀 깨닫는 가르침. 조계혜능 선사가 《육조단경》에서 자신의 가르침의 특징을 드러낸 표현이다. 언어를 빌리지 않기에 수행의 점차를 인정하지 않고, 단박에 깨닫는 '돈오'를 원칙으로 삼는다.

여 실질적인 간화선 부흥을 이룩하도록 전력투구해야 할 것이다.

올바른 간화장치看話裝置•에 의해 조계종단 구성원 모두가 간화선 수행을 통해 지혜를 눈뜬다면, 이 나라가 얼마나 발전하겠는가! 그렇게 되면 국내는 물론이고, 우리가 나가서 포교하려고 애쓰지 않아도 전 세계에서 한국불교를 배우기 위해 몰려들 것이다.

오늘날 한국불교는 간화선 부흥의 역사적 사명을 맞이하고 있다. 우리는 이미 가지고 있는 자가보장自家寶藏•• 을 바르게 되살려내야 한다. 선불교禪佛教는 인간 정신이 도달한 최고봉이다. 정보 홍수의 시대에 한국불교가 살아남아 세계정신계를 이끄는 길은 깨달음을 여는 가장 효과적인 방법론인 간화선법을 되살려내는 일이다.

간화선은 불법의 정수이자 한국불교의 정체성이다. 인류 최고의 정신문화유산인 간화선법을 가지고도 활용하지 못하고 있는 우리 자신과 현실 상황을 반성하게 된다. 언제나 그렇듯 법法은 아무런 문제가 없고, 인간이 문제다.

이제는 정법당간正法幢竿을 바로 세워야 할 때다. 나무를 흔들 것

• 화두는 이분법적 생각을 차단하기 때문에, 이를 '분별망상을 막는 심리적인 장치'로 비유해서 쓴 말. 즉 '화두라는 장치'의 준말. 분별망상이 끊어지면, 자연히 한 생각 일어나기 전의 자리인 본성이 드러난다.

•• 모든 사람은 본래 불성佛性을 완벽하게 구족하고 있다. 따라서 불성을 '자기 집에 갖추고 있는 보물창고'라고 부른다. 조사들은 이미 스스로 갖추고 있는 자가보장을 두고 밖에서 찾지 말라고 당부한다.

이 아니라, 뿌리를 튼튼하게 살려내야 한다. 그렇게 해야 한국불교가 아름다운 꽃과 풍성한 열매를 맺을 것이다. 불조의 적손으로 정법을 보존해온 우리 조계종단이 근본으로 돌아가 공식 수행법인 간화선을 바르게 되살려내는 것이 한국불교 중흥을 위한 올바른 지향일 것이다.

조계종지의 현대적 구현은 종지에 맞춰 그 근본을 바로 세우는 데 있다. 조계종의 근본은 인류 최고의 정신적 보물인 '법안法眼과 불안佛眼의 안목'이다. 불법에 대한 안목을 여는 가장 효과적인 수행법은 한국불교가 보존해온 간화선이다. 간화선의 부흥에 한국불교의 미래가 달려 있다.

그리고 이것이 현재의 시절인연 따라 다양한 문화 분야에서 꽃피고 있는 '한류韓流'를 완성하여 인류문화 발전에 기여하는 길이기도 하다.

한국불교의 사활은 간화선 수행의 정법당간을 올곧게 세울 수 있는가 없는가에 달려 있다. 과거로 후퇴할 것인가, 미래로 나아갈 것인가? 한국불교의 운명은 오늘 우리의 지혜로운 선택과 용기 있는 실천에 달렸다. 우리 모두가 분발할 때다.

간화선 수행의 핵심은 '공안公案 상에서 의심되어진 화두話頭•'를

• 이 책에서 본격적으로 화두를 설명할 때 화두와 공안의 차이에 대해 자세히 언급하겠지만, 간화선이 실효를 거두려면, 공안과 화두를 엄격히 구별해야 한다. '공안'은 일반적인 표현인 반면에, '화두'는 나에게 의심을 일으킨 특정한 공안을 말한다. 따라서 공안은 1,700개가 넘는 반면에, 화두는 언제나 하나뿐이다.

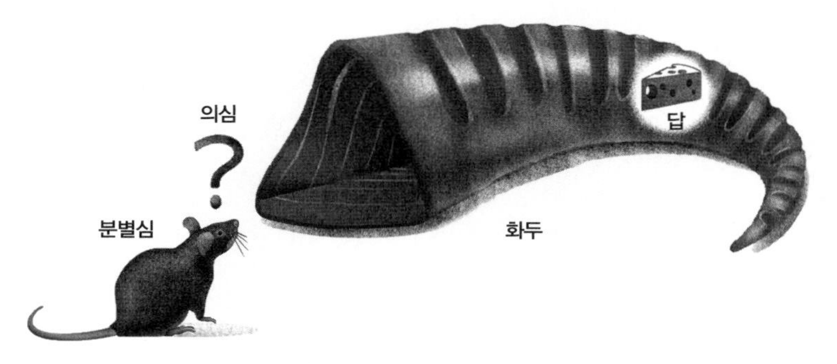

쥐가 쇠뿔 속으로 들어가 갇히듯이

들게 하여 빠른 시간 내에 선禪 체험을 할 수 있도록 지도하는 데 있다. 그 주된 방법은 단번에 의심하지 않을 수 없도록 '답만 찾도록 집중시키는 데' 있다 하겠다.

화두는 그 자체가 난공불락의 문제인 바, 그 문제에 대한 답을 찾도록 집중시키면 자동적으로 화두가 '활구화活句化•'된다. 마치 늙은 쥐가 먹이를 찾아 쇠뿔 속으로 들어가다가 갇히듯이, 답 찾는 마음이 은산철벽銀山鐵壁에 꼼짝없이 갇히게 되는 것이다.

수행자가 혼자서 화두를 들 때 활구活句 의심으로 나아가지 못하는 가장 큰 이유는, 답을 찾지 않고 '문제만을 외우고 있기 때문'이

• 화두를 들 때, 사량분별로 참구하면 사구死句가 된다. 화두에 강력한 의심이 일어나면, 모든 생각이 끊어진다. 이렇게 의심이 일어난 화두를 활구活句라고 한다. 활구를 들어야만, 의심이 의정을 거쳐 의단으로 익어가게 된다.

다. 화두를 되풀이해서 외우고 앉아 있으면 사구死句인 '송화두頌話頭•'가 된다.

'문제인 화두만을 되풀이해서 외우는 것'과는 반대로, '문제 그 자체'는 한 번 들었으면 이제 무슨 말인지 알았으니 그만 내려놓아야 한다. 대신에 답을 찾는 데 집중하다 보면, 자신도 모르는 사이에 활구의심活句疑心이 활발발하게 살아날 것이다.

표1. 활구 VS. 사구

	활구	사구
판별법	의심 → 생각이 막힘	사량분별 → 생각이 이어짐

간화선은 조사선祖師禪에서 나온 것이기도 하지만, 두 수행법은 근본 원리가 동일하다. 즉 수행자는 의심疑心에 걸려야 하고, 그것이 감정화되어 점점 커져서 의정疑情이 되며, 마침내 안팎으로 온몸에 꽉 차는 의단疑團이 되면, 시절인연 따라 타파打破되면서 돈오를 체험하게 된다.

하지만 처음부터 선지식善知識이 공안을 통해 초심자에게 화두를

• 화두 자체에 집중하지 않고, 화두의 구절이나 문장만 소리를 내어 반복하는 행위. 소리를 내지 않고 마음속으로 화두의 구절을 반복하는 것이 '염화두念話頭'인데, 송화두와 염화두 모두 '화두 자체(달)'가 아니라 '화두 문장을 기계적으로 되풀이하는 것(달을 가리키는 손가락)'에만 시간을 소모하면서 '공부하고 있다'는 착각에 빠지게 되는 폐해가 있다.

걸어주고, 결국 타성일편打成一片• 된 의단疑團••이 타파되도록 이끈다는 점에서, 간화선 수행이 현실 속에서 공부하려는 이들에게 잘 맞는다고 할 수 있다.

표2. **조사선 VS. 간화선**

	조사선	간화선
의심을 일으키는 방식	스스로 의심이 일어나서 스승과의 문답 끝에 타파한다	선지식이 화두의심을 걸어주어서 타파하게 한다

실제로 올바르게 시설된 간화장치 속에서 수행하여 그 결실을 맛본 간화선 실참자들은 선 체험 후에 신체 · 정서 · 인지 · 성격의 변화를 맛보았다고 보고하고 있다. 또한 대인관계와 마음의 안정에 획기적으로 긍정적인 변화•••가 있었다고 한다.

불조의 정맥正脈인 간화선 자체는 아무런 허물이 없다. 만약 효과를 보지 못했다면, 지도하는 사람에게 허물이 있다. 올바르고 효과적인 간화장치를 시설하는 핵심은 '화두 참구에 있어서 문제만 외우게 하지 말고 답을 찾도록 유도해야 한다'는 데 있다.

• 한 덩어리가 됨. 의심이 타성일편 되어 의단이 되면, 사량분별의 작동이 멈춘다. 마침내 의단이 타파되면, 분별망상의 뿌리가 뽑히고 불이법不二法의 진리가 드러난다.

•• 마음속에 늘 풀리지 않는 의심疑心.

••• 〈간화선 수행 체험의 심리학적 분석: 안국선원 간화선의 사례를 중심으로〉, 박성현 · 성승연 외 4인, 《종교연구》 제71집, 한국종교학회, 2013.

선수행이란 상相 있는 데서 상 없는 데로, 나아가 상이 있고 없음을 초월한 자리로 전환하는 것이다. 그 기점이 돈오頓悟인데, 간화선은 돈오하는 기회를 제공하는 것이 핵심이다.

그 구체적인 방법은 우선 단기간 내에 '선禪 체험'을 하게 만들어 주고, 그 체험의 힘으로 진지한 믿음을 일으켜서 일과 공부가 둘이 아니게 수행할 수 있는 근거를 제공하는 것이다. 그 힘이 간화선 안에 들어있다.

처음부터 선지식이 학인에게 활구活句를 걸어주고 결국 의단이 타파되도록 이끄는 시스템만 갖추고 있으면, 간화선 대중화는 반드시 성공할 수 있다.

간화선 수행자에게 먼저 짧은 기간의 간화선 집중수행을 통해 선 체험을 맛보게 하고, 현실생활 중에서 습기習氣를 다스려가게 지도하는 것이야말로 가장 현실적인 간화선 수행법이라고 말할 수 있을 것이다. 이것이 실현된다면, 간화선은 인류 정신계에서 미래의 대안이 될 수 있다. 스마트폰 시대가 열려 세상의 모든 정보가 실시간으로 손바닥에 들어오는 상황에서, 정신세계도 급속도로 재편되고 있다.

이 땅에서 면면히 전해 내려온 간화선법을 보편화·세계화하는 것이 정보개방 시대를 사는 우리의 역사적 사명이다. 실제로 선 체험을 할 수 있는 '현실적인 간화선 수행'을 시행하여 수행에 목말라 있는 분들로 하여금 대승불교의 꽃인 돈오頓悟의 인연을 맺게 해줄 때가 되었다.

석가모니 부처님 이래 인도와 중국을 거치면서 본래성품을 깨닫는 방법 중에서 간화선만큼 발달된 수행법은 없다. 1,700년 전통의 한국불교가 수행법 하나 가닥을 잡지 못하고 혼란스러워해서는 안 된다. 이제는 무의미한 논란과 의혹에 종지부를 찍고, '실전 간화선'으로 더 많은 세계인에게 불연佛緣을 맺어주는 자랑스러운 한국불교가 되기를 기원해본다.

1989년 10월 금정포교당을 모체로 하여 설립된 안국선원은 올해로 창립 30주년을 맞이한다. 그동안 국내외의 인연 있는 분들에게 1주일간의 '간화선 집중수행'을 300여 회 실시하여, 3만 여 명의 사부대중이 선 체험을 맛보았다. 현재는 국내의 부산, 서울과 해외의 미국, 중국, 뉴질랜드 등의 안국선원에서 수천 명의 불자들이 정진하고 있다. 이 실참 경험을 바탕으로 이번에 간화선 수행지침서를 발간하게 되었다. 그동안 도와주시고 격려해주신 수많은 인연에 대해 불보살님께 감사드린다.

많은 분들에게 불법의 인연을 심어드리는 이 지침서 발간의 불사에 동참하여 추천사를 써주시며 격려해주신 불국사 승가대학장 덕민 큰스님, 편집을 맡아준 한국간화선연구소의 김홍근 박사, 그리고 본 지침서를 출판해준 김영사에 감사드린다.

불기 2563년(서기 2019년) 10월

수불 합장

선불교의 올바른 가치

서산대사 청허휴정清虛休靜(1520~1604)은 《선가귀감禪家龜鑑》에서 "선禪은 부처님의 마음이요, 교敎는 부처님의 말씀이다. 마음은 선법禪法이고, 말씀은 교법敎法이다"라고 말했다. 이어 "무언無言으로써 무언에 이르는 것이 선이며, 유언有言으로써 무언에 이르는 것이 교다"라고 하였다.

선불교는 일체의 언어 문자와 사량분별을 여의지만, 한편으로는 불경에 나타나는 화엄華嚴사상, 공空사상, 유식唯識사상, 법화法華사상 등을 골고루 활용한다. 선을 중심으로 교를 융섭하는 서산대사의 통불교적 종풍은 이후로 한국불교의 특징이 되어 내려오고 있다.

선 가운데 교가 있고, 교 가운데 선이 있다. 교를 통해 선을 증명하고, 선 또한 교를 뒷받침할 수 있는 힘을 갖추어야 한다. 이럴 때

선·교가 한 덩어리가 되고, 진리와 방편이 하나로 합쳐져서 법륜의 바퀴가 무애자재하게 굴러가게 되는 것이다.

그러므로 선과 교가 둘이 아닌 입장에서 선불교의 가치와 그 당위성을 살펴볼 필요가 있다.

선은 깨달음 자체이고, 교는 깨달음을 전달하는 언어다. 부처님께서 깨닫지 않으셨더라면, 불교는 탄생할 수 없었다. 부처님의 가르침인 교의 위대함은 그 속에 깨달음의 알맹이가 내재되어 있기 때문이다. 부처님은 대긍정을 하신 분이다. 선과 교는 함께 긍정되고 소통되어야 한다.

이런 맥락에서 부처님 가르침의 골수인 '무위법無爲法'을 즉각 드러내는 선불교는 교학教學으로도 설명될 수 있어야 한다. 부처님께서 세상에 출현하신 궁극적인 뜻은 인류에게 '유위법에서 무위법으로 전환하는 길'을 제시하신 데 있기 때문이다.

불법의 지혜는 유위법에서 무위법으로 전환하는 안목을 가리킨다. 유위법有爲法은 인연으로 말미암아 생겨났다 사라지는 형상을 가지고 공부하는, 점차漸次의 무상無常한 '생멸법生滅法'에 해당한다. 하지만 무위법은 번뇌가 새지 않는 무루법無漏法으로서, 인연에 따른 조작을 여의고 생주이멸生住異滅의 변천을 겪지 않는 중도中道 불이不二의 돈교頓教 법문에 해당한다.

초기불교와 대승불교의 다양한 교설을 정리하여 부처님의 가르침을 총체적으로 파악하려는 움직임은 인도에서 시작되었다. 불교가 중국에 전래되면서, 이러한 구분과 통합의 움직임은 더욱 본격화되었다. 이 운동을 '교상판석教相判釋(줄여서 교판 敎判)•'이라 한다. 불교는 중생의 수준에 맞는 여러 가지 길을 열어놓았기 때문에, 다양한 수준에 따른 그 방편들이 일견 서로 모순적인 것으로 비쳐지기도 한다.

불교가 중국에 들어왔을 때, 소승과 대승이 한꺼번에 유입되어 혼란스러웠다. 대승불교와 소승불교 사이의 오해를 불식시키고자 하는 시대적 요청에 의해, 전체의 시각에서 팔만대장경을 분류하는 교판이 요청되었던 것이다.

화엄종 종밀宗密 대사••는 중생들의 근기根機에 맞추어 다양한 가르침을 펼치는 불교의 입장을 '5교판五敎判•••'으로 나누어 설명하였다. 부처님이 오시기 전의 세상에는 '인천교人天敎••••'의 가르침이 지배하고 있었다. 부처님께서는 어디까지나 육도윤회六道輪廻•••••로부터 해탈

• 석존이 일생에 걸쳐 설한 교설을 시기와 뜻에 따라 분류·판별하는 것. 대승불교에서는 천태종이나 화엄종 등의 종파가 성립할 때, 교상판석을 통해 종파의 위상을 천명했다.

•• 규봉종밀圭峰宗密(780~841): 화엄종 제5조. 선과 교의 일치를 주창했다.

••• 종밀대사의 5교판은 인천교人天敎, 소승교小乘敎, 대승법상교大乘法相敎(중생의 흔들리는 마음을 설명하는 대승의 가르침), 대승파상교大乘破相敎(중생의 집착을 부수는 대승의 가르침), 일승현성교一乘顯性敎(본체를 드러내는 최고의 가르침)이다.

•••• 오계五戒를 지키고 십선十善을 행하면 인간과 천상의 세계에 태어나 복을 받게 된다고 가르치는 교법.

••••• 중생의 업인業因에 따라 윤회하는 천天, 인人, 아수라阿修羅, 축생畜生, 아귀餓鬼, 지옥地獄의 여섯 가지 세계 또는 상태. 신神의 세계인 천상계도 '윤회하는 여섯 세계'의 하나에 불과하며, 공덕이 다하면 다른 육도 중 하나로 다시 태어나게 되므로 불교에서는 이 육도윤회의 괴로움에서 벗어나는 해탈, 열반을 중요시한다.

하는 열반涅槃을 가르치셨지만, 처음 가르침을 펼치실 때는 소승교 아래에 인천교를 배치하여 육도윤회 속에서 천상락天上樂을 받고자 하는 사람들까지도 포섭하였던 것이다.

부처님은 처음에 근기가 낮은 사람들을 위해서 그들에게 익숙한 기존의 가치관을 이용하여 '세속에서 선업을 지어서 그에 상응하는 복을 받도록' 하는 가르침을 펼쳤다. 즉 삼세업보三世業報와 선악의 인과법因果法을 가르친 것이다. 부처님께서 제위 장자를 위해 설한 《제위경提謂經》 등의 초기불교 경전이 이에 속한다. 지금까지도 불법佛法을 제외한 대부분의 종교는 이 수준의 가르침에 속한다고 할 수 있을 것이다. 물론 불자라도 기복을 추구한다면 인천교에 머물고 있는 사람이지만 말이다.

천상이 목표인 일반 종교와는 달리, 불교는 하늘이 궁극적인 이상이 아니라고 가르친다. 천상에 태어난다고 하여도, 그곳에 영원히 머물 수 없고 또한 지은 복이 소진하면 다시 아래로 내려오는 윤회輪廻를 피할 수가 없다. 왜냐하면 생겨난 것은 반드시 멸하는 생멸법에서 천상락도 자유로울 수가 없기 때문이다.

천상을 포함한 육도윤회계는 생멸세계이고, 육도六道로부터 해탈解脫한 자리가 '열반'이다. 유위법은 육도 내에서 부침하는 것이고, 무위법만이 육도로부터 벗어나 무애자재하게 되는 길이다.

불교의 특징은 처음부터 무위법을 지향한다는 점에 있다. 그래서 육조 혜능六祖慧能(638~713)의 제자인 영가현각永嘉玄覺(665~713)은 《증도가證道歌》에서 '한 번 뛰어 바로 여래의 지위에 들어간다[一超

直入如來地(일초직입여래지)]'는 점을 강조한 것이다. 인천교적인 가치관 속에서는 복이 다하지 않도록 끊임없이 선업을 짓고 수행을 닦아가야 하므로, 이런 수행은 유위법에 속하는 것이다. 유위법으로는 육도윤회에서 해탈할 수가 없다.

종파마다 다른 여러 교판 중에서 가장 유명한 것은 천태종 천태지의天台智顗(538~597)대사의 '오시팔교五時八教•'다. 부처님의 설법을 다섯 시기로 나누고, 중생을 가르치는 형식과 교리의 깊이를 각각 네 가지로 분류한 것이다. 여기서 말하는 다섯 시기는 역사적인 것이 아니라, 어디까지나 중생의 근기에 따라 설법하신 내용에 의한 것이다.

천태 스님의 오시五時 교판에서 제1기인 화엄시華嚴時에 해당하는 불경은 《화엄경華嚴經》이다. 이것은 제법실상諸法實相의 근본입장에서 설한 내용이다. 그렇지만 너무나 깊은 내용의 가르침이어서, 중생들이 쉽게 이해할 수가 없었다. 따라서 대자대비하신 부처님께서는 중생의 눈높이에 맞춰서 단계별로 설하는 방편方便의 가르침을 펼쳐내었다. 결국에는 불자들이 《화엄경》을 소화할 수 있도록 기초를 놓는 작업이었다.

• 천태종의 교상판석. 오시五時는 부처님의 가르침을 시간 순서에 따라 화엄시華嚴時, 아함시阿含時 또는 녹원시鹿苑時, 방등시方等時, 반야시般若時, 법화열반시法華涅槃時로 분류한 것. 팔교八教는 그 가르침을 '형식'에 따라 분류한 돈교頓教, 점교漸教, 비밀교秘密教, 부정교不定教의 '화의사교化儀四教'와 '내용'에 따라 분류한 장교藏教, 통교通教, 별교別教, 원교圓教의 '화법사교化法四教'를 합친 여덟 가지.

그 첫 번째 방편으로 제2기 12년 동안 아함부阿含部 경전에 해당하는 내용들을 주로 가르치셨다고 천태 스님은 보았다. 인과법, 사성제, 팔정도, 십이연기 등 당시 중생들의 수준에 따라 기초단계를 설하기 시작한 것이다. 불교의 밑바닥에 아함의 기초를 깔아 놓고, 그 위에 무위법의 탑을 세우는 방편이었다. 따라서 아함 속에 화엄이 내재되어 있고, 화엄 속에도 아함이 들어있다.

제3기 8년 동안은 한 단계 더 깊은 설법이 행해져서 《유마경維摩經》《능가경楞伽經》 등 대부분의 대승경전이 포함되는 방등부方等部• 불경들이 이 시기에 속하는 것으로 분류되었다.

그 후에 이제 보다 성숙해진 중생들의 근기에 맞춰, 존재의 실상을 여실히 보고 지혜를 얻게 하기 위해 제4기 22년간 《반야경般若經》의 공空 사상을 설하였다고 보았다. 이때 유위법에서 무위법으로의 전환이 본격적으로 이루어진다. 일반적인 명상 수행법을 넘어서는, 차원이 다른 수행법이 등장하는 것이다.

마지막으로 제5기 8년 동안 《법화경法華經》의 내용을 설하고, 열반에 들기 직전 24시간 동안 《열반경涅槃經》의 내용을 설하였다고 천태 스님은 정리하였다. 《법화경》은 석가모니 부처님이 이 세상

• 방등方等·방광方廣은 산스크리트어 vaipulya를 한역한 말로, 논리적으로 깊고 넓게 주제를 다루며 문답을 통해 심화시켜 가는 방식의 가르침을 주로 펼친 경문들을 가리키고, 일반적인 대승경전을 의미한다. 오시팔교에서는 방등시의 경전, 즉 대승경전 중에서 《화엄경》, 《반야경》, 《법화경》, 《열반경》 등 4부의 몇몇 경을 제외한 나머지 경전을 말한다.

에 나오신 인연으로 설해진 경전으로, 여기서는 다섯 시기 동안의 모든 가르침이 회통된다. 화엄의 진리가 아함, 방등, 반야를 거쳐 법화 열반에 이르러 회통되는 것이 팔만대장경의 전체 내용인 것이다. 이것을 요약한 것이 천태종의 게송인 "화엄최초삼칠일華嚴最初三七日, 아함십이방등팔阿含十二方等八, 이십이년담반야二十二年談般若, 법화열반공팔년法華涅槃共八年"이다.

이상 다섯 시기의 설법 분류는 《법화경》에 나오는 '궁자窮子의 비유'와 일치한다. 부자(장자)인 아버지는 집 나간 거지 아들이 자신을 알아보지 못하고 도망치려 하자, 달래고 달래서 마침내 전 재산을 물려주게 된다. 여기서 아들을 달래는 장면은 '유위법'에 해당하고, 결정적으로 재산을 물려주는 장면은 '무위법'에 해당한다. 같은 부처님 말씀이지만, 불경 속에도 이런 점차적인 방편설법이 인연에 맞게 펼쳐졌다고 본 것이다. 대한불교조계종은 대승불교大乘佛敎를 선택했고, 그중에서도 무위법을 통달할 수 있도록 합당한 교과를 짜서 시행하고 있다.

유위법에서 무위법으로 전환되는 결정적인 가르침은 반야부般若部에 속하는 《금강경金剛經》이다. 이 경은 부처님께서 세수 60세가 넘어 원숙기에 접어들었을 때, 스라바스티(사위성) 교외의 기원정사에서 설하신 것이다. 선과 교를 통섭한 대한불교조계종의 소의경전所依經典으로 반야부 경전을 정한 이유는 바로 유위법에서 무위법으로의 전환이 분명하게 적시되어 있기 때문이다.

《금강경》의 첫머리에서 아라한과를 증득한 장로 수보리 존자는

"희유希有하십니다. 세존이시여!" 하고 아뢴다. 이 대목을 선禪으로 풀면, '오가해五家解•'가 보여주는 것처럼•• 이 한마디에서 진리가 다 드러났다고 할 수 있다. 그리고 무위법을 모르는 사람들을 위해 부처님과 수보리 존자가 짐짓 한바탕 연극을 펼친다고 해석하기도 한다.

그런데 '왜 희유하다고 했을까?' 하는 의문을 교敎적으로도 풀어 볼 필요가 있다.

수보리는 유위법에 대해서는 잘 알고 있었지만 보살들처럼 무위법에는 통달하지 못하고 있었기에, 스스로 궁금해하던 무위법의 깊은 진리를 알고 계시는 부처님께 "희유하십니다!" 하고 감탄하면서 질문을 던지고 있는 것이다. 그 마음을 헤아리신 부처님께

• 구마라집이 번역한 《금강반야바라밀경》 본문에 당송 5가의 주석을 붙인 것. 쌍림부대사찬雙林傅大士贊 · 육조대감선사구결六祖大鑑禪師口訣 · 규봉종밀선사찬요圭峰宗密禪師纂要 · 야보천선사송冶父川禪師頌 · 예장경선사제강豫章鏡禪師提綱 등 다섯 스님들의 해석을 모았다. 이 오가해의 주석은 고래로 각각 유행하여 일찍부터 우리나라에 전래되었으며, 조선시대 함허득통涵虛得通(1376~1433)의 설의說誼가 있다.

•• '오가해'의 내용은 중도 불이법의 입장에서 설하고 있다. 불이법의 입장이란, 삼라만상이 진여 본체의 생멸 작용이라고 보는 것을 말한다. 비유하면, 모든 파도는 단지 바다가 출렁이는 모습일 뿐이다. 모든 말과 모양은 다만 진여 본체가 움직여서 드러난 모습일 뿐이다. 그러므로 '오가해'의 입장에서 보면, 바다(불이법)를 알기 위해서는 파도 하나(한마디 말)만 꿰뚫어 보면 된다. 그러므로 '오가해'에서 "《금강경》의 진리는 첫 마디인 '나는 이렇게 들었다如是我聞', 이 한마디에서 끝났다"고 말한 것이다. 상당법문에서 조사들이 맨 먼저 주장자를 들어서 대중에게 보이고, 법상을 한 번 치는 것도 같은 맥락이다. 부대사傅大士(497~569)는 황제 앞에서 《금강경》을 설할 때, 법상에 올라 주장자를 한 번 들어 보이고 한 번 친 다음에 말없이 내려왔다고 전한다.

서 "그렇다, 그렇다" 하고 치하하며, 무위법의 핵심을 일러주신다. "나는 중생 모두를 무여열반無餘涅槃에 들어 해탈하게 하느니라. 이와 같이 헤아릴 수 없이 많은 중생을 해탈시키지만, 실은 한 중생도 해탈을 얻게 하였다는 생각이 없느니라. 무슨 까닭인가? 수보리여, 만약 보살에게 아상, 인상, 중생상, 수자상이 있다고 한다면, 그는 진정한 보살이라 할 수 없기 때문이니라."

아라한阿羅漢을 최고의 성자로 보는 초기불교와는 달리, 대승불교는 아라한 위에 보살菩薩의 지위를 둔다. 부처님께서 《금강경》에서 말씀하신 '육안肉眼, 천안天眼, 혜안慧眼, 법안法眼, 불안佛眼'의 오안五眼을 기준으로 말한다면, 아라한은 혜안을 증득한 지위이고, 보살은 그 위의 법안을 증득한 지위이다. 물론 부처는 제5안인 불안을 연 지위이다.

아라한은 '무아無我'를 통달했지만 아직 유위법의 꼭지 즉 상相이 남아있어서, 상을 여읜 보살의 지위에는 들지 못했다. 아라한은 비록 깨달았다고는 하지만, 아직 완벽한 경지에는 이르지 못한 것이다. 깨달았다는 상마저 여의어야 더 큰 깨달음으로 들어갈 수 있다. 이렇게 마음을 항복받아 상이 없어지도록 이끄는 가르침이 《금강경》의 골자다.

혜안까지는 유위법의 복덕을 쌓을 수 있지만, 법안을 열어야만 공덕을 닦아 불보살의 위신력을 지닐 수 있다.

부처님의 10대 제자에 속하는 장로 수보리 존자도 아직 마음을 항복받지 못하여 그 해결책을 부처님께 묻고, 부처님께서는 또 "선재 선재善哉 善哉•"라고 하면서 흔쾌히 받아들이고 무위법의 가르침을 펼치신 것이다. 부처님의 간곡한 설법을 듣고, 그 뜻을 알아차린 수보리는 다음과 같이 아뢴다.

"제가 부처님께서 설하신 바의 뜻을 알기로는 아누다라삼먁삼보리라고 이름할 만한 정해진 법이 없으며, 여래께서 설하시는 정해진 법 또한 없나이다. 왜냐하면 여래께서 설하시는 법은 가히 다 취할 수도 없고 가히 다 말할 수도 없으며, 법도 아니요 법 아님도 아니기 때입니다. 무슨 까닭인가요? 모든 현성賢聖들은 다 무위법으로 차별을 삼기 때문입니다."

무위법無爲法은 법도 아니요 법 아님도 아닌 도리, 즉 중도中道를 말한다. 그렇기 때문에 무아의 도리를 깨닫고 혜안을 증득한 수행자가 유·무를 넘어선 중도의 법안을 열기 위해서는 상을 여의어야 한다고 설하신 것이 《금강경》의 내용이다.

그러므로 이 경은 바로 법안과 불안 즉 불법의 안목을 여는 무위법의 비결을 설하신 내용을 담음으로써, 팔만대장경 중에서 유위법에서 무위법으로 전환되는 불법의 요체를 담은 핵심적인 경이라고 할 것이다.

즉 초기불교의 차제적인 유위법의 공부도 부처님의 가르침이 아

• 산스크리트어 및 팔리어 sādhu를 한역한 말로, '매우 좋다, 그렇다, 기특하다, 장하다'는 의미.

닌 것은 아니지만, 아직 깨달음의 상이라는 한계를 지닌 것이다. 사유나 명상 등의 점교漸敎로는 상을 여읠 수가 없기에, 수보리처럼 한 번 더 분발하여 보살의 지위로 올라가야 한다. 보살은 깨달았다는 그 상마저 남김없이 여의고서, 중생들을 위한 보살행에 전념하는 분이다.

이처럼 혜안에서 법안을 여는 가르침을 육조 혜능 스님은 '돈교법문頓敎法門'이라고 불렀다. 법안은 해오解悟가 아니라 반드시 증오證悟를 해야 하므로•, 대혜종고大慧宗杲(1089~1163) 선사는 "깨달음으로 법칙을 삼아야 한다[以悟爲則(이오위칙)]"고 강조했다.

수보리는 보살의 지위로 올라가는 수행법을 물었고, 그 해답은 상을 여의라는 것이다. 상을 여의라는 부처님의 '파상破相'의 가르침이 쭉 이어지다가, '제14 이상적멸분離相寂滅分'에 이르자 수보리는 실질적인 큰 전환을 이룬다.

"그때 수보리가 이 경을 설하심을 듣고 깊이 그 뜻을 깨달아 눈물을 흘리고 슬피 울며 부처님께 아뢰었다. 희유하십니다, 세존이시여. 부처님께서 심히 이와 같이 깊은 경전을 설하심은 제가 예로부터 얻은바 혜안慧眼을 열었어도 일찍이 한 번도 듣지 못하였나이다."

• 해오解悟는 진리를 이해하여 깨닫는 것이고, 증오證悟는 진리를 직접 체득하여 깨닫는 것이다. 5안의 하나인 혜안은 만유의 모든 현상을 공空이라고 보아, 모든 집착을 여의고 차별의 현상계를 보지 않는 지혜다. 이것은 성문 · 연각의 지혜이므로 널리 중생을 구제하지 못한다고 여겨진다. 법안은 일체 법을 분명하게 비춰보는 지혜로, 보살은 이로써 모든 법의 실상을 알고 중생을 제도한다.

수보리는 이미 아라한으로서 '지혜의 눈', 즉 혜안을 갖추고 있었지만, 《금강경》의 가르침을 듣고서 비로소 법안의 큰 눈을 뜨게 되어 '체루비읍涕淚悲泣'하며 감격하는 것이다. 같은 제14분에 부처님께서 다음과 같이 이어 말씀하셨다.

"그러므로 수보리여, 보살은 마땅히 일체의 상을 떠나서 아누다라삼먁삼보리심을 발하여야 하나니, 응당 색色에 머물러 마음을 내지 말고 응당 소리와 냄새와 맛과 감촉과 법에 머물러 마음을 내지 말지니, 응당 머무르는 바 없이 마음을 낼지니라." 후에 육조 혜능 스님도 이 대목의 '응당 머무르는 바 없이 마음을 낼지니라[應無所住以生其心(응무소주 이생기심)]' 하는 말을 듣고 두 번이나 깨닫게 되는 기연을 맞이했다.

수보리 존자도 두 번 깨달았다. 아라한과를 증득하고 혜안을 얻었을 때 깨달았고, 또 아라한과를 증득한 후에 상을 떨어트리고 법안을 열었을 때 다시 깨달았다. 《금강경》에서 제14분 이전에는 '장로長老 수보리'라고 불리다가, 그 이후로는 '혜명慧命 수보리'라고 호칭이 바뀌는 것이 이 두 번의 경험을 상징한다. 아라한과를 증득할 때 깨달았지만 아직 "나는 깨달았다, 나는 열반을 증득했다"는 상이 남아 있었는데, 이 상이 깨지면서 큰 깨달음을 얻은 것이다. 《금강경》이 대한불교조계종의 종헌에 소의경전으로 확정된 까닭이 여기에 있다.

표3. **유위법 VS. 무위법**

	유위법	무위법
육도윤회	육도윤회 속의 수행	육도윤회에서 해탈
오안	육안, 천안, 혜안	법안, 불안
관점	이법二法	불이법不二法
돈·점	점교漸敎	돈교頓敎
궁극의 경지	아라한	보살

《금강경》과 더불어 조계종단에서 또 다른 소의경전은 '전등법어傳燈法語•'인데, 그 대표적인 책은《육조단경六祖壇經》이다. 이것은 육조 혜능 스님의 어록으로, 부처님의 말씀이 아닌데도 거의 유일하게 '경經'이라는 호칭이 붙은 책이다. 그만큼 진리를 잘 드러내고 있다는 증거다.

《육조단경》에는 수보리 존자처럼 육조 혜능 스님도 두 번 깨달았다고 기록되어 있다. 처음은 나무꾼으로 객점에 나무를 배달하러 갔다가《금강경》을 읽고 있던 어떤 손님으로부터 '응무소주 이생기심'을 듣는 순간 '깨치게[開悟(개오)]' 된 것이다. 이때 혜안을 열었는데, 그 경지는 신수 스님의 유위법에 머문 게송••에 대응하여

• 조사들의 선어록을 담은 책으로, 《육조단경》《선요》《전등록》《서장》《임제록》 등이 있다.

•• 오조 홍인五祖 弘忍(601~674) 선사가 후계자를 정하기 위해 제자들에게 각자 공부한 바를 게송으로 적어내라고 했을 때, 제1좌인 대통신수大通神秀(606~706) 스님은 "몸은 보리수요, 마음은 명경대로다. 부지런히 털고 닦아서, 티끌이 끼지 않게 하라

'본래 한 물건도 없다[本來無一物(본래무일물)]'라고 표현되었다.

그 후 8개월 동안 방아를 찧고 허드렛일을 한 후에 오조 스님의 방에 들어가 《금강경》 설법을 듣다가, 같은 대목에서 다시 크게 깨달아 법안을 얻었고, 즉시 말하기를 "어찌 자성이 본래 스스로 청정함을 알았겠습니까[何期自性 本自淸淨(하기자성 본자청정)]!" 하고 오조 스님께 아뢰었던 것이다.

수보리 존자가 법안을 열고 체루비읍한 대목에서 육조 스님도 크게 깨달았으니, 우리나라를 대표하는 불교종단의 이름이 '조계종'이 된 것이 우연이 아니다. 즉 대한불교조계종은 부처님에서 발원한 혈맥血脈을 이어받은 육조 스님의 가르침을 종지로 삼는데, 그것은 바로 '무위법' 즉 '중도법문'인 것이다. 그러므로 조계종이 《금강경》과 《육조단경》을 소의경전을 삼은 까닭이 더욱 선명히 드러난다.

이처럼 유위법을 통해 혜안을 연 수행자도 더 높은 차원의 구경각究竟覺을 위해선 무위법에 통달해야 한다. 그러기 위해서는 정확한 수행법이 필요하고, 이를 위해서는 먼저 반드시 눈 밝은 선지

[身是菩提樹 心如明鏡臺時時勤拂拭 勿使惹塵埃]"고 하였다. 아직도 수행의 작위가 남아있는 유위법의 수준에 머물러 있는 내용이다. 신수 스님이 '몸은 나무요 마음은 거울'이라고 하여 '유상有相'의 입장인 것에 대해 육조 스님은 "보리는 본래 나무가 아니요, 명경 또한 대가 아니다. 본래 한 물건도 없으니, 어디에 티끌이 끼랴[菩提本無樹 明鏡亦非臺 本來無一物 何處惹塵埃]"고 하여 '무상無相'의 입장을 드러내었다. 하지만 이것은 '유상'에 상대한 '무상', 즉 이법二法의 흔적이 남아있는 것이어서, 유무를 초월한 진정한 불이법에는 이르지 못했다. 그래서 '혜안慧眼'이라고 하는 것이다.

식善知識•을 찾아야 한다.

우리나라에는 이런 모든 과정을 집약해서 전해 내려오는 간화선법이 잘 간직되어 있다. 명안종사明眼宗師••에게 간화선법을 지도받아 활구참선을 통해 정신적인 벽을 타파하고, 《화엄경》을 비롯한 모든 경전을 통째로 소화하는 안목을 갖추어야 한다.

이때는 화엄이 곧 아함이고 방등이며, 반야이고 법화 열반이다. 무위법無爲法에서 팔만대장경 전체가 회통會通된다. 무위법을 통해 법안을 열고 나아가 불안까지 열어 구경각을 이루는 투철한 수증관修證觀•••이 바로 선불교의 독보적인 특징이자 올바른 가치관이다.

• 불법佛法을 설하여 사람들을 고통에서 벗어나게 하는 스승. 혹은 불연佛緣을 맺어주는 스승. 반대말은 악지식惡知識이다.

•• 심지心地가 밝아져 탁월한 식견과 역량을 갖춘 선사禪師.

••• 닦아 깨닫는 방법, 또는 수행과 깨달음[證悟]에 대한 선불교의 관점.

1
간화선의 의의

1

참선의 의의

종교宗教에는 인간 내면의 무명無明을 밝혀서 지혜를 깨닫게 하는 인류 정신문명의 혁명적 가치가 깃들어 있다. 그 가운데 핵심인 '선禪'은 진실을 곧바로 드러낸다.

진리 실상眞理 實相은 본래 모든 이의 눈앞에 이미 완벽하게 구현되어 있다. 이 사실을 스스로 등지고 전도몽상顚倒夢想에 빠져 있는 이들에게, 선은 '무명 업식無明 業識'은 물론 '반야 지혜般若 智慧'조차 본래 없음을 당당히 밝힌다. 일체의 사량분별을 떠나 단도직입으로 진리 당처의 핵심 오의奧義를 곧바로 드러내는 것이다. 그렇지만 어둠 속에 잠겨 눈앞의 진리 광명을 전혀 모르고 있는 이들에게는, 실질적인 참선參禪• 수행을 통해서 깨달음의 문을 열도록 이끌

• 선禪은 산스크리트어 드야나Dhyana를 소리 나는 대로 한자로 옮긴 말로, 원래는 '마

어왔다.

선이 등장함으로써, 이제 종교조차도 깨달음을 위한 방편이 되었다. 선의 직관적 통찰에 의해 진리가 있는 그대로 통째로 드러나게 되어, 언어 문자나 의식儀式으로 독단적 관념으로 굳어진 종교는 보다 높은 차원으로 올라가는 사다리의 역할에 그치게 되었다.

종교까지는 상식과 지식이 통하지만, 종교가 말하고자 하는 궁극의 차원은 지혜의 눈이 열려야만 알 수가 있다. 수행을 통해 안목을 연 입장에서 보면 이 세상의 실상은 선악善惡 이분법을 넘어 원융무애圓融無礙한 중도中道 일심一心으로 완성되어 있다.

선악 이분법적인 사회윤리를 넘어서서 선악 불이不二의 반야 지혜를 터득하기 위해서는, 이분법적 분별망상과 고정관념의 정신적인 벽을 온몸으로 부닥쳐서, 이 벽을 타파하는 수행을 해보아야 한다.

사량분별하는 습관에 젖어 있는 사람들은 꽉 막힌 은산철벽 앞에서 한 번 크게 죽었다 살아나야만, 비로소 실상을 바로 볼 수 있는 새로운 안목을 열고 걸림 없는 대자유를 만끽할 수 있다.

이렇게 선禪은 인생의 진실을 탐구하여 자성청정심自性淸淨心을

음을 고요히 가라앉히고 한곳에 집중한다meditation, contemplation'는 의미인데 동북아시아의 선불교에 이르러 '본래 갖추고 있는 부처의 성품을 꿰뚫어 보는 수행'이라는 의미로 널리 쓰인다. 참여할 참參을 더해 '참선'이라 하면 선지식을 찾아가서 묻고 배우는 것을 포함하여 좌선坐禪, 화두話頭 등의 구체적인 수행법을 몸소 실천한다는 의미이다.

스스로 깨닫는 '내심자증內心自證•'을 가르친다. 마음 밖에 따로 진리가 없으며, 수행기간의 길고 짧음에 관계없이, 깨달을 때는 결국이 '본래 마음'을 깨닫는 것이다.

선이 현실 속에 등장함으로써, 부처님과 역대 조사祖師들의 가르침이 어리석은 중생들을 깨달음으로 전환시키기 위한 방편이었음이 분명하게 밝혀졌다. 선은 불교가 설하는 지혜와 자비를 구현하고 생사를 해탈하는 가장 구체적이고 직접적인 길로서, 모든 불보살과 조사들의 심지법문心地法門••이다.

선은 중생으로 하여금 전도몽상에서 깨어나 본심本心이 저절로 드러나게 한다. 본심은 일심一心으로 중도 불이법中道 不二法이며, 꿈은 분별망상의 변견邊見이다.

분별망상을 일으키면 스스로가 '둘로 나누어지지 않는 본심'인 것을 잊고, 변견에 집착하여 자기를 잃어버린다. 그러므로 그 분별심을 내려놓으면, 저절로 본심으로 돌아간다. 그런데 중생들은 오히려 분별심을 일으켜 그것으로 망상을 해결하려다 보니 더욱더 혼란에 빠진다. 생각으로 생각을 잠재울 수는 없다.

• 자기 마음 밖에서 대상으로 확인되는 것이 아니라, 마음 안에서 스스로 분명히 깨닫는 것.

•• 땅에서 만물이 생장하듯이, 마음에서 모든 현상이 생겨나므로 '심지'라고 한다. 무진장無盡藏도 같은 의미의 말이다. 이때의 '마음'은 생멸심이 아니라 불생불멸의 진여불성을 가리키며, 선사들은 이것을 흔히 '본심本心' '마음자리' '본지풍광本地風光' 혹은 '한 생각 일어나기 전의 자리'라고도 부른다. 심지법문은 이것을 직지直指하는 가르침이란 말이다.

참선參禪의 수행 원리는 명상 수행의 방법론과 차이가 있다. 보통 명상 수행은 상대적인 청정을 추구하지만, 참선은 우리의 본성이 본래 청정하다는 사실을 깨닫게 한다.

전자는 어지러운 마음을 가라앉히려고 하지만, 후자는 근본에 대한 의심疑心을 더 크게 하여 심화心火의 뿌리를 뽑는다. 즉 의심으로 분별망상의 뿌리를 뽑아내는 수행법이다. 옛 선지식들은 이것을 '독으로 독을 친다' 혹은 '도적의 칼을 빼앗아 도적을 친다'고 하였다.

참선은 간명 직절直截하지만, 그만큼 가파르고 험준한 것도 사실이다. 오직 당장에 자기의 '본래 마음[本心]'을 회복하는 것을 귀하게 여기기 때문이다. 우리의 본심에서 만법이 생멸하기 때문에, 이 마음자리[心地]를 '생사일대사의 본원本源'이라고 한다. 이것을 밝히는 것이 선禪이다.

선善과 악惡을 나누는 이분법적인 사회윤리를 넘어서서 선악의 상대적인 갈등이 없는 근본지혜를 터득하기 위해서는, 참선 수행을 통해 무명 업식의 먹구름이 순식간에 흩어지고 만 리에 걸쳐 푸른 하늘이 드러나는 내면의 변화를 직접 체험해봐야 한다.

인도에서 싹튼 지혜로운 가르침이 대승불교로 승화되어, 다양한 지역에서 찬란한 꽃을 피우고 열매를 맺어왔다.

특히 돈오頓悟를 직접 체험하게 하는 최상승 수행법인 조사선祖師禪과 묵조선默照禪 그리고 간화선看話禪이 지금까지 전해 내려오고 있는 것은 인류 정신계에 참으로 다행스런 일이다.

2

돈교법문

頓敎法門

석가모니 부처님께서 가섭 존자에게 마음에서 마음으로[以心傳心(이심전심)]으로 물려주신 '정법안장正法眼藏 열반묘심涅槃妙心 실상무상實相無相 미묘법문微妙法門'의 선법은 인도 땅에서 면면히 이어졌는데, 27대에 이르러 반야다라 존자에게 전해졌다.

존자는 동쪽 땅에 대승大乘 근기가 성숙하였음을 보고, 제자인 보리달마菩提達磨(?~528)에게 중국으로 가서 법을 전하도록 지시하였다.

제28대 보리달마 조사는 6세기 초 인도를 떠나 바닷길로 중국 광주에 상륙하여, 금릉으로 가서 양나라의 무제를 만났다. 그러나 무제와 인연이 맞지 않음을 안 달마대사는 양자강을 건너 북위로 가서 숭산 소림석굴에서 면벽하였다.

선종의 초조初祖가 된 달마대사는《능가경楞伽經》에서 설하고 있는 '부처님이 말씀하신 마음을 근본으로 삼는다[佛語心爲宗(불어심위

종)]'는 말을 중시하였고, 이에 따라 오직 일심법一心法을 전했다.

이른바, '문자를 세우지 않고[不立文字(불립문자)], 교 밖에 따로 전하며[教外別傳(교외별전)], 사람의 마음을 바로 가리켜[直指人心(직지인심)], 성품을 보아 부처를 이룬다[見性成佛(견성성불)]'는 것으로, 이 가르침은 선종의 종지가 되었다.

하남성 낙양 출신의 신광神光이 소림석굴 앞에 와서 '눈을 맞고 서서 팔뚝을 끊어 바치고[立雪斷臂(입설단비)]' 달마로부터 안심安心법문을 들은 후에 혜가慧加(487~593)라는 법호를 얻었다. 혜가는 달마대사의 선법을 이어받아 선종 이조가 되었다. 이 법맥은 삼조 승찬僧璨(?~606)을 통해 사조 도신道信(580~651)에게 이어졌다.

사조는 기주 쌍봉산에서 선종 사상 처음으로 5백 명의 대중을 거느리고 선림禪林을 이루었다. 사조의 법은 오조 홍인弘忍(601~674)에게 전해졌는데, 오조는 쌍봉산 동쪽의 동산東山에서 법을 열었으므로 그의 가르침을 동산법문東山法門이라고 한다.

오조의 법을 이어받아 대성大成한 육조 혜능(638~713) 선사는 모든 사람이 본래 지닌 자성을 그 자리에서 몰록 깨치는 '돈교법문'을 열었다.

육조 선사는 어떤 선비가 독송하는 《금강경》의 "마땅히 머물지 말고 그 마음을 내라[應無所住 而生其心(응무소주 이생기심)]"는 구절을 듣고 마음이 열린 후에 오조 홍인 대사를 찾아갔고, 8개월 후 《금강경》을 설해주시는 가르침을 받고 같은 대목에서 확철대오했다.

오조로부터 돈교와 의발衣鉢을 전해 받은 육조 선사는 고향땅에서 15년간을 숨어 지낸 후, 드디어 세상에 나와 처음 법좌에 올라서 말씀하셨다.

보리자성은 본래 청정하다.
다만 이 마음을 쓰면, 곧 성불해 마치리라.

菩提自性 本來淸淨 但用此心 直了成佛
보리자성 본래청정 단용차심 직료성불

《육조단경》

육조 선사의 공식적인 제1성聲인 이 '돈교법문'은 모든 부처님과 일체 중생이 한마음[一心]임을 바로 깨닫게 하는 가르침이다. 이 가르침은 외형적인 좌선이나 형식적인 선정禪定 수행을 고집하지 않고, 다만 각자가 지닌 성품을 요달了達하는 '견성見性'을 중시하여 활달한 가풍을 형성하였다.

본심을 알지 못하면 법을 배워도 이익이 없다.
마음을 알아 성품을 보는 것이 스스로 불도를 성취하는 것이다.

不識本心 學法無益 識心見性 自成佛道
불식본심 학법무익 식심견성 자성불도

《육조단경》

육조 선사의 법손으로 조사선을 활발히 펼친 마조도일馬祖道一(709~788) 선사는 '평상심平常心'을 강조하였다.

도는 닦을 필요가 없으니 다만 더럽히지만 말라.
어떤 것이 더럽히는 것인가?
생사심으로 조작하고 도모하면 모두 더럽히는 것이다.
그 도를 이루고 싶은가? 평상심이 도다.

道不用修 但莫汚染
도불용수 단막오염
何謂汚染, 但有生死心 造作趨向 皆是汚染
하위오염, 단유생사심 조작추향 개시오염
若欲會其道 平常心是道
약욕회기도 평상심시도

《마조록馬祖錄》

누구나 본래 갖고 있는 물들지 않는 마음인 본심本心을 쓰는 것이 평상심이다. 다만 본래면목인 성품에서 비롯된 다양한 인연들을 분별하는 순간, 천차만별로 온갖 차별된 경계가 벌어진다.

이 사실을 명명백백하게 보면, 하루 종일 생각을 일으켜도 일으킨 바가 없게 된다. 생사심으로 조작하지만 않는다면, 이 평상심 이외에 달리 다른 불법佛法이란 없다.

미혹함이란 자기 본래마음을 미혹함이요,

깨달음은 자기 본래성품을 깨달음이다.

한 번 깨달으면 영원히 깨달아서, 다시는 미혹해지지 않는다.

迷卽迷自家本心 悟卽悟自家本性

미즉미자가본심 오즉오자가본성

一悟永悟 不復更迷

일오영오 불부갱미

《마조록》

이 중도실상을 지금 있는 그 자리에서 몰록 깨치도록 이끄는 것이 돈교법문이다.

이처럼 달마대사가 인도에서 중국으로 전한 선법은 역대 조사들을 통해 면면히 계승되었고, 당대唐代에 이르러 조사선의 황금시대를 열었다.

3

조사선, 무방편의 방편

중국의 선종은 인도의 28대 조사이자 중국에서는 초조인 보리달마로부터 시작되었다. 그렇지만 조사선은 실질적으로 육조 혜능 선사가 제창했다 해도 과언이 아니다.

육조 선사는 모든 사람이 본래 지닌 자성을 바로 보고 그 자리에서 몰록 깨치는 '돈오견성'을 천명하였다. 중국의 선종이 면면히 흐를 수 있었던 것은 육조 선사가 이러한 돈교법문을 온몸으로 펼쳐냈기 때문이다.

이후 조사선은 육조 선사의 법손인 마조도일(709~788)과 석두희천石頭希遷(700~790)을 거치면서, 그 문하에서 배출된 오가칠종五家七宗의 수많은 조사들에 의해 전성기를 맞았다.

조사선祖師禪이란, 깨달음을 완성한 역대 명안종사들이 모든 이들에게 본래 갖춰져 있는 성품을 바로 눈앞에 드러내 보인 법문이다. 이 법문으로 말과 생각의 길이 끊어진 자리에서 한 생각 돌이켜 스스로의 성품이 본래 부처임을 명확히 깨달으면, 어디에도 걸림이 없는 자재한 삶을 누리게 된다.

이 일단의 일은 눈 밝은 선지식, 즉 명안종사의 지도와 점검을 받아야 된다는 점이 중요하다.

조사선에서는 따로 특별한 방편을 마련하지 않고, 학인들의 '구하는 마음'을 그 자리에서 바로 지적하여 즉시 쉬게 하는 '무방편의 방편'을 썼다. 임제의현臨濟義玄(?~867) 선사는 이렇게 말했다.

> 옛 사람이 말하기를, "자기 마음 밖에서 불법을 수행하는 것은 모두 어리석은 자들이다"고 했다. (…) 그대들이 만약 생각, 생각 일어나는 '치달려 구하는 마음[馳求心(치구심)]'을 쉬어버린다면 그대로 '조불祖佛'과 다름이 없다.
>
> 그대들은 조불을 알고자 하는가? 다만 지금 내 앞에서 이 법문을 듣고 있는 그대가 바로 조불이다. 학인들이 이것을 철저히 믿지 않기 때문에 곧장 밖을 향하여 찾아 헤매고 있다.
>
> 《임제록臨濟錄》

보통 사람들은 한 생각만 돌이키면 본래 '아무 일이 없다[無事(무사)]'는 사실을 깨닫지 못하기 때문에, 공연히 한 생각을 일으켜 밖을 향해서 불법을 추구하고 있다.

마치 《능엄경》에 나오는 연야달다演若達多가 자신의 머리를 두고서 다른 곳에서 머리를 찾아 헤매고 있는 것처럼, 자꾸 밖을 향해서 불법을 구하려는 마음을 쉬지 못하고 있는 것이다.

찾아 구하는 그 마음이 오히려 도를 장애한다는 사실을 잘 알고 있는 조사들께서는, 특별한 방편을 쓰지 않고 오직 간단명료하게 학인의 헐떡이는 정식情識을 스스로 돌이켜 놓아버리게 해줄 뿐이었다.

만일 그 문답에서 이심전심으로 통하는 깨달음의 기연機緣에 묵묵히 계합하면, 짊어지고 다니던 짐을 스스로 내려놓게 된다.

> 무위진인無位眞人이 있어 항상 그대들의 얼굴로 드나든다. 그대들이 만약 생각, 생각 치달려 구하는 마음을 쉴 수만 있다면 부처와 조사나 다름이 없다. 나의 견처로는 석가세존과 다름이 없다.
>
> 일없음이 귀한 사람이니 다만 조작하지 말라. 평상 그대로일 뿐이다. 선종의 견해로는 바로 지금일 뿐 다른 시절이란 없다.
>
> 《임제록》

살활기봉殺活機鋒이 활발발하고 임운자재任運自在한 임제가풍은 모든 명상名相과 일체법一切法에 구애받지 않고 투철히 벗어나서 걸림 없이 자유로운 사람이 될 것을 강조하였다.

빛나는 별 같은 조사들이 중국 강서성과 호남성을 중심으로 남북동서로 흩어져 법을 펼치던 당대唐代는 선의 황금기였다.

학인은 선지식을 찾아 먼 길을 행각하면서 법을 물었고, 만일 인연이 맞지 않으면 다시 다른 분을 찾아 떠났다. 묻고 대답하는 사이에 인연이 맞으면 언하에 바로 깨치든지, 아니면 선지식 곁에서 머물면서 때를 기다리다가 시절인연이 도래하면 문득 깨치는 가풍이 조사선의 꽃을 피웠다.

4

간화선의 출현

선종 최상승의 가르침은 석존께서 영산회상에서 꽃을 들어 보이신 데 있다. 역대 조사들은 오직 '일심'을 이심전심으로 전하면서, 사람의 마음을 곧장 가리켜 성품을 보아 부처를 이루게 했다. 계급이나 차제에 떨어지지 않고, 수행이나 증득에도 의지하지 않았다.

조사선祖師禪의 입장에서는 할喝이나 방棒 혹은 부득이한 경우에 일언반구一言半句에서 즉각 알아차리도록 지도했다. 여기에 어찌 군더더기를 덧붙일 수 있으랴.

하지만 세월이 흐르면서 근기가 부족한 사람들에게 인연을 열어주려다 보니, '간화의 장치'가 고안되어 시설施設되기에 이른 것이다.

조사선 시대에는 선지식이 문답이나 법거량法擧量을 통해 제자를 지도했다. 간절한 마음으로 선지식 앞에 나아가서 묻는 사람치고 공연히 질문하는 사람은 없을 것이다.

제자는 불법佛法에 대해 비록 이론적 근거를 가졌어도 실제로 체험해보지는 못했기 때문에, 답답한 마음에 최선을 다해서 묻게 된다.

선지식은 의심을 하지 않고서는 깨달을 수 없다는 사실을 잘 알고 있기 때문에, 참문하러 온 수행자로 하여금 계속해서 공부인연이 숙성되도록 단련시킨다.

결정적인 순간 수행자가 온몸을 던져 간절히 물었을 때, 안목 있는 선지식은 시절인연을 살펴 줄탁동시啐啄同時•의 기연을 선보인다.

의심이 목까지 꽉 차 있던 수행자는 선지식의 한마디에 바로 의심을 타파하고 언하변오言下便悟를 맛보거나, 그렇지 못하면 설상가상雪上加霜으로 의심이 더욱 커지고 깊어진다.

학인이 스승에게 묻고 답하는 과정에서 바로 알아차리지 못하면, 불에 기름을 붓는 격이 되어 마음속의 의심이 더 간절해질 수밖에 없게 된다.

대근기를 갖춘 학인들이 공부하던 조사선 시대에는 스스로 근본에 대해 간절한 의심을 일으켰기 때문에, 구태여 옛사람의 언구나

• 달걀이 부화할 때 껍질 안에서 병아리가 쪼는 것을 줄啐이라 하고, 어미 닭이 밖에서 쪼아 깨뜨리는 것을 탁啄이라 한다. 이 두 가지가 동시에 이루어져야 비로소 달걀이 부화한다. 수행이 익은 제자에게 적절한 자극을 주어 깨달음에 이르게 하는 기연을 비유한 말.

공안을 참구할 필요가 없었다.

그렇지만 후대로 내려오면서 스스로가 근본에 대해 의심을 일으키지 못하는 학인이나 사대부를 위하여 간화선 수행법이 탄생하게 되었다.

특히 송대宋代에는 재가 지식인들이었던 사대부들이 참선을 통해 불법을 깨닫기를 원했으므로, 이들을 가르치는 현실적인 수행인 간화선이 더욱 전면에 등장하게 되었다.

간화선은 송대 임제종 양기파의 3대에 걸친 사제지간인 오조법연, 원오극근, 대혜종고 선사에 의해 완성되었다. 간화선의 주창자인 대혜종고 스님의 스승 원오극근圜悟克勤(1063~1135)은 화두 참구의 원리를 이렇게 말했다.

> 말로써 말을 없애고, 기봉機鋒• 으로써 기봉을 뺐고, 독으로써 독을 치고, 작용으로써 작용을 깨트린다.
>
> 《원오불과선사어록圓悟佛果禪師語錄》

특히 '독으로 독을 치는[以毒攻毒(이독공독)]' 방편의 원리는 간화선 특유의 방법론이며, 의심의 독으로 무명의 독을 치는 것이다. 중생의 독인 번뇌 망상煩惱妄想의 뿌리가 너무나 깊기 때문에 극약처방

• 선승禪僧의 예리한 말이나 동작.

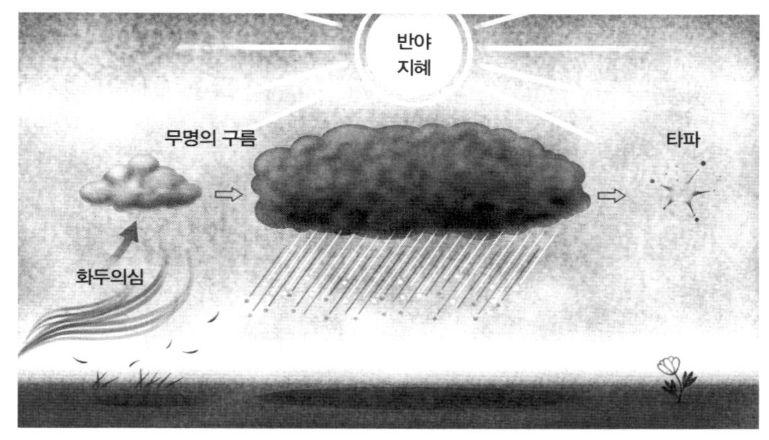

독으로 독을 치는 원리

으로 모든 분별심을 녹이는 화두의심으로 그 독을 치는 매우 치명적인 처방인 셈이다.

비유하자면 하늘의 해(지혜)를 가리는 짙은 먹구름(무명)을 걷어내기 위해서, 수증기(의심)를 더 불어넣어 큰비가 되어 떨어지게 해서 구만리장천을 온통 쾌청하게 만드는 것이라 할 수 있다. 혹은 집을 나간 지 오래되어 집을 잊어버린 사람에게 타향에 안주하지 말고 절실하게 고향집을 찾아 돌아가게 만드는 것이다. 왜냐하면 타향은 고해이며 고향은 열반의 정토이기 때문이다.

분별망상의 구름이 있든 없든 언제나 텅 비어 있는 하늘처럼, 본심은 언제나 청정하지 않은 적이 없다. 분별망상의 구름을 일일이 없애는 것이 아니라, 본래 청정한 하늘 같은 본심을 깨달아야 한다. 그러려면 일단 먹구름이 한 번 걷혀야 한다. 중요한 것은 꿈속에서 잠시 편안해지는 것이 아니라, 꿈에서 깨어나는 것이다.

선은 항상 구경究竟•을 지향하기 때문에 흙탕물을 잠시 가라앉히는 것에 만족하지 않고, 아예 흙이 있든 없든 물 자체가 본래 맑음을 스스로 증명하게 한다.

모든 선어록에서 볼 수 있듯이, 간화선의 뿌리인 조사선은 명안종사가 제자를 지도하는 데 있어 주로 지사문의指事問義••와 기봉방할機鋒棒喝의 방법•••으로 이루어졌다.

그리고 그 과제와 내용은 스승과 제자가 이심전심으로 정법의 안목을 체득케 하는 것이다. 이러한 문답들이 어록으로 기록되고 전승되어, 송대宋代에 이르러 본칙공안本則公案으로 완성되었다.

공안이란 '관청의 공문서[公府案牘(공부안독)]'란 뜻으로 조사가 학인을 제접하는 평가의 준칙을 말한다. 즉 부처님과 조사스님들의 깨달은 기연과 조사선 종장들의 법거량 그리고 상대를 깨닫게 한 선문답 등을 정형화시킨 것이다.

공안이 세워지면 법령이 유통되고, 천하의 기강이 바로잡혀 도가 실현된다. 낙보원안洛浦元安(834~898) 선사는 이렇게 말했다.

• 궁극의 경지. 수행의 여러 단계 중에서 '위없이 바르고 평등한 깨달음[無上正等覺]'.

•• 일(상황)을 가리키며 그 본질을 묻는 것. 스승과 제자가 매순간 생활에서 벌어지는 구체적인 일을 가지고 선문답을 하는 것.

••• 날카로운 말(기봉), 몽둥이(방), 고함(할).

마지막 한 구절이라야 비로소 굳은 관문에 도달하나니, 요긴한 길목을 가로막아서 범부와 성인이 다 통하지 못한다.

《전등록》

이렇게 학인들이 품고 있는 일체의 분별망상이 그 앞에서 녹아버리도록 조사들이 세운 '말후일구末後一句'의 조사관이 공안으로 확립되었다. 중봉명본中峰明本(1263~1323) 선사는 이렇게 말했다.

공안公案은 번뇌 망상의 어둠을 밝혀주는 횃불이고, 보고 듣는 것에 가린 장막을 벗겨주는 칼날이며, 생사의 뿌리를 잘라버리는 날카로운 도끼이고, 범부와 성인의 면목을 비춰주는 신령스런 거울이다. 조사의 뜻이 공안으로써 확연히 밝아지고, 부처님의 마음이 공안으로써 드러난다. 번뇌를 말끔히 털어버리고 불조의 혜명을 드러내는 데는 이 공안보다 더 좋은 길잡이는 없다.

《산방야화山房夜話》

대표적인 공안집으로는 1,700 공안의 출전인 《전등록傳燈錄》, 설두중현(980~1072)의 '송고백칙'에 원오극근이 수시·착어·평창을 붙인 《벽암록碧巖錄》, 천동정각天童正覺(1091~1157)의 '송고백칙'에 만송행수萬松行秀(1166~1246)가 수시 평창한 《종용록從容錄》 등이 있다.

그리고 무문혜개無門慧開(1183~1260)가 고칙 공안 48칙에 평창과 송을 게재한 《무문관無門關》, 우리나라의 고려 때 진각혜심眞覺慧諶

(1178~1234) 국사가 고칙 공안 1,454칙에 관한 여러 조사들의 염과 송을 집대성한《선문염송집禪門拈頌集》30권 등이 출현하였다.

남송 시대의 대혜종고 선사는 공안에 대한 개념적 이해로써 깨달음을 삼는 '문자선文字禪'의 병폐, 아무 일 없음에 안주하여 무사안일에 빠져 있는 '무사선無事禪'의 풍조, 그리고 특히 적정주의寂靜主義에 빠진 '묵조사선默照邪禪'의 폐풍을 개탄하였다. 그리고 갖은 폐단을 극복하기 위한 올바른 수행법으로, 1천 7백 공안을 통하여 의심되어진 화두를 참구토록 하면서 12세기 초에 간화선을 확립하였다.

간화선은 본칙공안 중 하나를 결택하여, 의심하게 된 화두를 철두철미하게 참구하여 돈오케 하는 수행법이다.

즉 조사스님들이 법을 거량하거나 선문답을 통해 깨닫게 한 판례를 본칙공안이라 하고, 학인이 그것을 자세히 살펴보다가 특정한 공안을 인연으로 의심이 돈발頓發하면 그것이 화두가 된다.

만일 학인이 공안상에서도 스스로 의심을 일으키지 못하면, 선지식이 직접 의심하도록 인연을 걸어준다. 명안종사는 발심하여 물어 들어온 학인에게 처음부터 화두가 창자까지 꿰어지도록 철저하게 걸어준다.

그러므로 선지식께서 믿음을 낸 이에게 화두를 들게 하는 것, 즉 '참 의심'을 불러일으켜 깨닫도록 한 것이 간화선이다. 따라서 조사선에서는 공안 그 자체가 화두라고 할 수 있지만, 간화선에서는 '공안에서 비롯된 의심'이 화두인 것이다.

'간화看話'란 말 그대로 '화두를 참구한다'는 뜻이다. 스님들이 강원에서 경전을 공부하는 것을 '간경看經'이라 하듯이, 화두를 참구하는 것을 '간화'라 한다.

간화선에서 '화두'는 '공안'과 엄격하게 구분해야 한다. 공안公案이 단순하게 판례집에 기록된 선대의 선문답이라면, 화두話頭는 특정한 공안이 학인의 내면에 투철한 문제의식으로 응집된 것을 말한다. 1,700여 개 공안이 있는데, 화두는 그 공안 중에서 제시되어 의심을 불러일으키도록 한 것이다. 이 특정한 하나의 화두를 철저히 참구하여 타파하면, 모든 공안이 함께 해결된다.

일반적으로 전해오던 공안公案이 학인의 내면에서 의심을 일으켜 살아 있는 활구活句 화두가 되면, 혼침과 산란 및 온갖 역·순 경계를 물리치고 오로지 본래면목을 밝히는 데만 집중할 수 있도록 해준다. 원오극근 선사는 이렇게 말했다.

> 활구 아래서 깨치면 영겁토록 잊지 않고,
> 사구死句 아래서 깨치면 자기마저도 구제하지 못한다.
>
> 《원오심요圜悟心要》

만약 공안을 실제로 자기 문제로 '의심화'하지 못한다면, 그것은 살아 있는 활구가 되지 못하고 단순하게 지나가버리는 공허한 이야깃거리에 지나지 않게 된다. 이런 점에서 간화선은 두 가지의 요건을 필요로 한다.

첫째, 당대의 조사선에서 형성된 법거량이나 선문답이 공안으로 전제되어야 한다.

둘째, 화두가 수행 당사자에게 '들려고 하지 않아도 들려지고, 내려놓으려 해도 내려놓을 수 없는' 활구의심이 되어야 한다.

간화선은 이렇게 화두에 집중케 함으로써, 온갖 혼침 산란과 역·순 경계에 끄달리지 않고 시절인연 따라 본래면목을 밝힐 수 있도록 한 최상승 수행법이다. 선지식에 인연해서 돈발된 활구의심을 통해 학인의 번뇌 망상을 다스릴 뿐만 아니라, 결국에는 생각이 끊어진 자리에서 근원적 본심을 깨닫는 수행법이다.

우리나라에서는 고려의 보조지눌普照知訥(1158~1210) 국사가 《절요節要》의 말미에, 참선 학인들을 위하여 '몸을 뛰쳐나와 살 수 있는 한 가닥 길[出身一條活路(출신일조활로)]'로 간화선을 처음 제시하였다. 이어 《간화결의론看話決疑論》에서는 원오극근과 대혜종고 선사의 가르침을 인용하여 '경절문徑截門 활구참선법'으로서 간화선을 제창하였다. 경절문이란 깨달음으로 가는 '지름길'을 의미한다.

이후 간화선은 오늘날 대한불교조계종에 이르기까지 한국불교의 대표적인 공식 수행법으로 정착하게 되었다.

5

간화선의 원리

12세기 송대宋代에 이르러서는 천동정각(1091~1157) 선사에 의한 묵조선과 대혜종고 선사에 의한 간화선이 등장하였다.

자성을 돈오케 하는 방편으로 '오직 좌선함[只管打坐(지관타좌)]'을 선택한 묵조선默照禪과는 달리, 간화선을 창안한 대혜종고 선사는 '일념을 타파하는 것[一念打破(일념타파)]'을 강조했다.

> 그대들이 진실하게 공부하려고 한다면, 다만 모든 것을 놓아 버려라. 마치 완전히 죽은 사람처럼, 아무것도 알지 못하고 아무것도 이해하지 못해야 한다. 알지도 못하고 이해하지도 못하는 곳에서 문득 이 한 생각을 타파하게 되면, 부처님도 그대들을 어찌하지 못할 것이다.
>
> 《대혜보각선사보설》

훌륭한 의사는 병을 치료할 때 먼저 그 근본원인을 진단한다. 이 세상에 원인만 밝혀내면, 치료하지 못할 병은 없다. 온갖 고통은 객진客塵번뇌•로부터 나오고, 그 번뇌 망상煩惱妄想은 끊임없이 일어났다 사라지는 중생심, 즉 '분별심分別心'의 내용이다.

나와 남을 분별하고 선과 악을 나누며 온갖 대상에 대해 시비를 일삼는 분별심은 탐·진·치 삼독을 일으켜 번뇌 망상의 고통을 야기하는 중생병의 원인이다.

대혜종고 선사가 중생병의 원인인 분별심을 뭉치게 해서 일거에 타파하는 방법으로 제시한 것이 간화선看話禪이다. 병의 원인을 누르는 것이 아니라, 오히려 드러내 더욱 뭉치게 해서 한꺼번에 뿌리 뽑는 것이다.

따라서 간화선은 근본의심을 타파하는 것을 목표로 한다. 즉 당사자의 화두의심話頭疑心을 키워 의단독로疑團獨露•• 되게 해서, 시절인연 따라 타파하게 하는 것이다.

> 한 가지를 밝히면 일체를 밝히는 것이고, 한 가지를 깨달으면 일체를 깨닫는 것이다. 한 가지를 증득하면 일체를 증득하는 것이

• 번뇌는 손님(객)과 먼지(진) 같다는 말. 번뇌는 생겼다 사라지는 생멸법으로서, 진여 자성에게는 본래의 존재가 아니므로 손님, 미세하고 수가 많으므로 먼지에 비유한다.

•• 의심덩어리가 홀로[獨] 드러나다[露]. 의심이 익으면, 안팎이 이 의심덩어리로 꽉 차게 된다. 이때는 이분법의 분별망상이 작동할 수 없어서, 주객의 구분은 사라지고 다만 알 수 없는 의심덩어리 하나만 홀로 드러난다.

마치 한 묶음의 실을 자를 때 한 번 자르면 일시에 모두 잘리는 것과 같다.

《서장》

온갖 분별망상이 꼬리에 꼬리를 물며 이어지게 만드는 지금 이 순간의 한 생각, 즉 분별심分別心을 근본적으로 타파하려면, 화두의심이 지속되어 하나의 단단한 덩어리[疑團(의단)]가 되도록 해야 한다. 이분법적 상대세계를 만들어내는 분별심을 타파하기 위해, 온갖 생각이 하나의 단단한 덩어리로 뭉쳐지는 방법으로 채택된 것이 근본에 대한 '의심'이다.

한 개의 근본의심이 타파될 때, 천 가지 만 가지 의심이 일시에 깨진다. 의심이 깨지면, 분별망상의 뿌리[命根(명근)]가 끊어진다. 결국 중생병의 근본인 생사심의 뿌리를 끊도록 집중시키는 수행법이 간화선이다.

망상의 뿌리가 뽑히고 본래청정한 자성이 드러나면, 새삼 선정을 닦아 삼매를 구하거나 염불을 하여 극락에 나기를 발원하는 등의 온갖 방편에 의지할 필요가 없다.

이렇게 의심이 의정疑情이 되고 의단疑團이 되어 화두가 타파되는 것이 간화선 수행과정이다. 처음부터 의심을 일으켜 타파될 때까지 지속케 하는 장치가 '간화看話'다. 화두는 곧 의심이다.

번뇌 망상은 한 생각 분별심으로 인하여 일어나므로, 이것을 작동하지 못하도록 만드는 것이 화두의심이다. 분별심이 작동하지

표4. 화두가 익어가는 과정

	의심 疑心	**이뭣고?** • 근본에 대한, 피할 수 없는 의문이 일어난 상태
	의정 疑情	**회광반조 迴光返照** • 의심이 지속되어, 놓으려 해도 의심을 놓을 수 없는 상태 • 의심이 자동으로 진행됨
	의단 疑團	**타성일편 打成一片** • 천만 가지 의심이 한데 엉겨 붙어 한 덩어리로 뭉친 상태. 의심이 뭉쳐져 온 우주가 한 덩어리가 됨[疑團獨露(의단독로)]
	타파 打破	**내외명철 內外明徹** • 주관과 객관이 탈락되어 불이不二 중도中道가 드러남

않으면 주관과 객관이 나누어지지 않으므로, 이렇게 집중된 화두 의심으로 인하여 의단이 저절로 독로獨露하게 된다.

시절인연에 따라 화두의심이 타파되면서 실상인 중도 불이법이 분명해진다.

대혜종고 선사는 이렇게 말했다.

> 화두로부터 의정을 일으킬 때, 일체의 의정은 모두 화두에 집중된다. 화두 상에서 의심이 뭉쳐져 타파되면, 천 가지 만 가지 의심이 일시에 타파된다.
>
> 《서장》

깨달음이 일어나려면 '의심덩어리[疑團]'가 깨져야 하고 그것은 생각의 헤아림이 미치지 못하는 곳에서 발생하기 때문에, 깨달음의 관건은 생각이 오도 가도 못하고 꽉 막혀서 분별망상의 명근命根이 끊어질 수밖에 없는 곳에 자기도 모르게 갇히는 것이다.

곧 '은산철벽銀山鐵壁'이며 '율극봉栗棘蓬이며 금강권金剛圈•'이다. 이와 같을 때 '타성일편'이 될 것이며 의단이 독로하게 될 것이다.

화두가 이렇게 들려질 때가 진일보進一步할 '백척간두百尺竿頭'이

• '율극봉'은 목에 밤송이가 걸린 것처럼 가슴이 답답하고 숨쉬기가 어려워지는 것을 말한다. '금강권'은 사방에서 금강의 울타리가 몸을 조여오는 것 같은 현상을 말한다. 모두 활구를 들 때 일어나는 현상이다.

며, 몸을 뒤쳐 빠져나올 '천척의 우물 속[千尺井底(천척정저)]'이자, 쥐가 오도 가도 못 하게 끼인 쇠뿔 속이고, 손을 놓을[撒手(살수)] '매달린 절벽[懸崖(현애)]'이다. 그것은 마치 하나의 큰 용광로와도 같다.

고봉원묘高峰原妙(1238~1295) 선사는 이렇게 말했다.

> 만일 이 일을 논의한다면 큰 불덩이가 맹렬하게 타올라 하늘에 뻗쳐서 조금도 틈이 없어, 세간의 온갖 물건을 다 던져 넣어도 오히려 조각 눈이 떨어지자마자 바로 녹아버리는 것과 같으니 어찌 털끝만큼도 용납하겠는가!
>
> 《선요禪要》

대혜 선사는 의단이 독로되도록 하기 위한 장치로 화두를 참구하는 간화선법을 제창했다. 화두는 그 본질이 '의심疑心'인 바, 이 의심의 힘으로 학인을 율극봉이나 금강권 속으로 몰아넣는 것이다. 분별망상이 이 정신적인 감옥(금강권)에 갇히게 되면, 답답하고 숨이 막혀와서 마치 밤송이를 삼킨 것처럼 뱉지도 삼키지도 못할 것이며(율극봉) 앞뒤가 꽉 막혀서 '언어의 길이 끊어지고[言語道斷(언어도단)] 마음 갈 곳이 없어지게[心行處滅(심행처멸)]' 된다.

만일 도무지 어찌해볼 수 없는 벽에 막혀 갑갑해지지 않는다면, 이것은 조작된 의심인 '사구死句'를 들고 있는 것으로 깨달음과는 요원하다. '사구'란 아무리 의심해도 참 의심이 일어나지 않고 분별망상이 여전히 살아서 작동하고 있는 상태를 말한다. 화두를 들었을 때 단박에 생각이 끊어지지 않으면, 그것은 사구다.

이치가 이러하므로 화두가 독로해야 하고, 화두가 독로하려면 의정疑情이 익어야 한다. '의정'이란 의심이 지속되어 놓으려 해도 놓을 수 없는 상태가 되는 것이다. 즉 의심이 저절로 회광반조廻光返照되어 순일하게 진행되는 상태를 말한다. 의정이 익어가면 갈수록, 천 가지 의심 만 가지 의심이 한데 엉겨 붙어 한 덩어리로 뭉치게 된다.

이 뭉친 의심덩어리가 마침내 깨어질 때, 분별망상의 정식情識•은 타파될 수밖에 없다. 전도몽상顚倒夢想은 사라지고, 본바탕[性品(성품)]이 확연히 드러나게 된다.

소위 '불속에서 연꽃이 피는 도리' 즉 온몸과 마음으로 돈오頓悟를 체험하는 것이다. 깨달음의 연꽃은, 눈이 내리자마자 즉시 녹아버리는 용광로인 의단독로의 불덩이 속에서 피어나는 것[火中生蓮(화중생련)]이다.

선지식이 던진 공안, 화두의심은 활구가 되어야 한다. 일단 활구가 들려지면 의심하지 않으려 해도 의심하지 않을 수 없고, 화두를 내려놓으려고 해도 내려놓을 수 없는 상황에 처해야 한다.

이와 같은 모든 화두 참구 과정을 순조롭게 이루어지게 하려면,

• 허망하게 분별하는 중생의 마음.

간화장치를 올바르게 시설할 수 있는 선지식善知識의 안목과 법력이 요구된다. 선지식의 안내 없이 혼자서 화두를 들고 참구해서는, 이 섬세한 과정을 제대로 소화해내기란 불가능한 것이다.

공안을 제시하는 선지식의 말씀을 듣는 순간부터 '참 의심'을 제대로 일으키는 것이 가장 중요한데, 혼자서 참 의심을 일으키기란 하늘의 별을 따는 것만큼이나 어렵다고 한다면 과연 믿겠는가?

눈 밝은 선지식은 학인이 처음 화두를 들 때부터 집중하게 해서 단박에 정중동靜中動이 되도록 수단을 제시할 수 있어야 한다. 비유하면 처음부터 팽이를 매우 세게 쳐서 정중동이 되도록 하는 것과 같다. 독한 개가 한 번 꽉 물면 이빨이 빠지든 목이 끊어지든 절대 놓지 않는 것처럼, 처음부터 활구화두活句話頭를 이렇게 들게 만들 수 있어야 한다. 이때는 거문고 줄 고르듯이 해서는 안 되고, 오히려 거문고 줄을 끊으려고 하는 것처럼 온 힘을 다해 화두에 집중해야 한다.

선지식의 확실한 지도와 길안내를 받으면, 몇 겁이 걸릴지도 모르는 길도 짧은 시간에 갈 수가 있다. 화두 참구는 반드시 선지식의 지남指南과 호법護法 아래에서 참구해야 돈오頓悟의 성과를 얻을 수 있다.

6

한국불교 수행의 정맥, 간화선

오늘날 한국불교의 주류는 선종禪宗으로, 신라 말부터 고려 초까지 당나라에서 유학한 구법승求法僧들이 중국에서 선법을 받아와 이 땅에 전파하기 시작했다. 당시 신라는 지도층의 부패로 혼란이 극심해, 백성들은 새로운 시대를 열망하고 있었다. 이러한 배경 속에서 지도층의 후원에 기대지 않고 자급자족으로 수행에 매진하였던 선불교는 민중들에게 새롭고 신선한 불교로 받아들여졌다.

육조 선사의 제자들에게서 법을 받아온 구법승들은 구산선문九山禪門을 세웠다. 마조 문하의 제1좌인 서당지장西堂智藏(735~814)에게서 신라의 도의• 국사가 법을 받고 돌아와 한국에 남종선南宗禪을

• 명적도의明寂道義(생몰 미상): 784년에 중국 당나라에 들어가 서당지장의 법을 전해 받고 귀국하여 신라 구산선문 중 가지산문의 1세 조사가 되었다.

전래시켰다.

도의 국사가 염거廉居(?~844) 선사에게 법을 전하고 입적하자, 염거의 제자 보조체징普照體澄(804~880) 선사가 가지산 보림사를 열고 도의 국사의 선풍을 선양하였다.

도의의 가지산문 이외에 홍척洪陟의 실상산문實相山門, 범일梵日의 사굴산문闍崛山門, 혜철惠哲의 동리산문桐裏山門, 무염無染의 성주산문聖住山門, 도윤道允의 사자산문獅子山門, 도헌道憲의 희양산문曦陽山門, 현욱玄昱의 봉림산문鳳林山門, 이엄利嚴의 수미산문須彌山門이 구산선문을 이루었다.

고려시대에 이르자 이 구산선문을 통칭해 육조 조계혜능 선사의 법을 이은 선종이란 의미에서 '조계종曹溪宗'이라 불렀다.

현 대한불교조계종의 종명은 이 전통을 계승한다는 의미를 내포하고 있다. 오늘날 조계종은 도의 국사를 종조로 모시고 해마다 다례재를 지내고 있다.

9세기 이래 구산선문이 세워졌을 때는 조사선祖師禪 시대였다. 이후 12세기에 이르러 간화선看話禪이 한국에 처음 전해진 것은 보조 지눌 국사에 의해서이다. 보조 국사는《대혜어록》을 보다가 깨달음을 얻고, '간화경절문看話徑截門•'을 수행법으로 채택했다. 그의 제자

• 화두를 참구하는 것이 견성하는 지름길이라는 말이다. '경절문'은 지름길이라는 뜻. 학인이 스스로 근본에 대한 의심을 일으킬 수 있다면 따로 수행이 필요 없는 조사선이 되지만, 선지식이 학인에게 의심을 걸어주는 간화선에서는 화두의심을 타파하는 과정이 수행이 된다.

진각혜심 국사는 간화선을 본격적으로 수용하여, 우리나라 최초의 공안 모음집인《선문염송禪門拈頌》을 편찬하였다. 진각국사 이후 간화선은 수선사修禪社•의 16국사를 통해 계승되었다.

간화선이 우리나라에 확고히 정착한 것은 고려 말에 활동한 태고보우太古普愚(1301~1382), 나옹혜근懶翁惠勤(1320~1376), 백운경한白雲景閑(1299~1375) 세 선사의 힘이 컸다. 이분들은 중국으로 들어가서 임제종 선사들에게서 직접 선법을 전해받고 고려로 돌아왔다. 이중에서도 중국 석옥청공石屋淸珙(1272~1352) 선사로부터 임제종의 정맥을 이어받고 돌아와 우리나라 간화선 수행체계를 확립한 태고보우 선사를 조계종에서는 중흥조로 추앙하고 있다.

1,700여년의 유구한 역사를 자랑하는 한국불교는 선을 중심으로 교학·염불·주력 등의 수행을 제한치 않는 통불교의 성격을 이어왔다. 이 가운데 한국불교를 대표하는 조계종단은 간화선 수행법을 원형에 가깝게 보존해서, 가히 세계적인 선禪의 보고라고 할 수 있다.

• 고려시대 보조국사普照國師 지눌知訥(1158~1210)의 주도하에 당대 불교계를 비판·반성하면서 이루어진 혁신적인 신앙결사信仰結社의 단체명인 동시에 사찰의 명칭.

7

간화선의 현대적 의미

토인비가 20세기 최대의 사건은 서구사회에 불교가 본격적으로 유입된 것이라고 언급한 바와 같이, 최근에는 전 지구적 차원에서 불교의 전파가 급속도로 이루어지고 있다.

서구인들은 티베트불교 수행법, 남방불교의 위빠사나 수행법 그리고 대승불교의 선 수행법을 꾸준히 수용해왔다. 그들은 또한 불교 수행법을 심리치료에 응용하여 새로운 명상법을 개발하고, 의학 분야와 심리치료에서 탁월한 효과를 이끌어내고 있다.

국내에서는 명상冥想의 대중화 흐름을 타고 불교유사 수행법들이 확산되었으며, 특히 위빠사나vipassanā의 빠른 보급은 주목할 만하다. 또한 서구에서 역수입되고 있는 다양한 현대 명상법이 국내의 정신문화 시장을 빠르게 잠식해가고 있다.

이렇게 국내외로 거센 도전에 직면한 한국 간화선은 어떻게 대응해야 할까? 수요자 중심의 수행법이 요구되고 대중을 위한 가르침이 절실히 요청되는 바로 이때, 우리는 '간화선이 현대사회에 무엇을 제공할 수 있는가?'를 객관적으로 따져보아야 한다.

선방에서 수행하는 수좌스님들은 세세생생 물러서지 않고 완벽한 부처를 이루겠다고 서원하고 화두를 들고 있다. 하지만 현대의 바쁜 생활인들은 그런 자세를 감당할 수가 없다. 그렇다면 일반인들은 과연 어떻게 공부해야 간화경절문의 소중한 가르침을 자기 것으로 받아들일 수 있을까?

그 해결책은 빠른 시일 내에 화두의심을 통한 선 체험을 맛볼 수 있도록 장치(집중수행 프로그램)를 하고, 그 속으로 초대하는 것이다. 그리고 그 프로그램 속에서 공부가 지속되도록 옆에서 호법을 서주어, 결국 직접 온몸으로 변화를 체험하고 수용하도록 해주어야 한다.

현대인에게 일상은 제쳐놓고 수행만 하라고 하는 것은 이 급박한 디지털 시대에 대중화를 포기하겠다는 것과 같다. 그리고 간화선 수행이 지금 우리의 복잡한 삶에 직접적이고 구체적으로 도움이 되어야 한다.

일부에서는 '이번 생에 안 되면 몸 바꾸어 다음 생에 해야지' 하는 생각을 가지고 있는데, 지금 이 순간에 도움이 안 되는 수행이라면 이 바쁜 현대사회에 무슨 의미가 있을까?

간화선이 최상승最上乘이라고 한다면, 그 최상승의 가치와 가르침이 현대사회에서도 여법하게 구현되어야 한다. 오늘날과 같이 온갖 인종과 사상이 융합되고 있는 지구촌 시대에 간화선은 보다 유연한 포용성을 가지고 다양한 명상법을 이끌어야 한다. 역대 명안종사들이 당대의 시대정신을 선도하고 새로운 수행의 패러다임을 제시하며 시대를 이끌었다. 간화선도 현대 각계각층의 인류가 요구하는 마음공부법의 최종적인 결정판으로서 그 역할과 사명을 다해야 한다.

간화선 대중화의 핵심은 원리대로 이끌어줄 수 있는 시스템을 갖추는 일이다. 그 가장 중요한 일은 일련의 수행과정이 제대로 진행될 수 있는 장치를 시설할 수 있는 선지식의 안목과 수단이다.

그 수단이란 '공안에서 비롯된 화두'를 제시하는 순간 바로 '의심'이 걸리고, '의정'을 거쳐 '의단' 속에 꼼짝 못 하고 갇히게 만드는 것이다. 화두가 '활구화' 되어 의심이 온몸에 꽉 차면, 시절인연 따라 타파되면서 돈오체험을 할 수밖에 없기 때문이다.

간화선은 '번뇌 망상을 없애지 않고, 일어나는 대로 내버려두고' 공부하는 수행법이다. 그래서 번뇌 망상을 가라앉히는 일반 명상법과는 본질적으로 다르다. 번뇌 망상을 일어나는 대로 내버려두고, 오직 화두에만 집중토록 한다.

화두의심이 익어지면, 번뇌 망상과 혼침 등 모든 방해를 이겨내고 결국 정신적인 장벽을 타파하게 된다. 화두는 일어나는 번뇌 망상과 직접 싸우게 해주는 강력한 힘을 가지고 있기 때문이다.

간화선 수행의 성공은 학인으로 하여금 처음부터 꽉 막혀서 정신적인 벽에 꼼짝 없이 갇히게 만들 수 있느냐 없느냐에 달려 있다. 은산철벽에서 한번 크게 죽었다 살아나면, 평생 짊어온 무거운 짐을 내려놓고 홀가분해지며 안심입명安心立命하게 된다. 그러면 내면에 여유가 생겨서 일상생활에서 차분해지고, 판단력이 나아지고 여유가 묻어나는 가운데 저절로 부동심이 유지된다. 마치 표주박이 물살을 타고 떠내려가듯이 임운등등任運騰騰•하며 무애자재한 삶을 영위하게 될 것이다.

인류사에 선禪이 나타남으로써, 종교가 수단이 되었다. 아날로그 시대에서 디지털 시대로 전환되면서 기존의 모든 권위는 빛이 바래지고 오로지 실력 하나만이 근거가 되고 있는 이때, 선은 그에 가장 합당한 가치라고 할 수 있다.

참선參禪은 인간의 내면을 근본적으로 변화시키는 최상승의 경절문 수행법이기 때문이다. 특히 간화선은 디지털 시대의 빠른 변화를 수용할 수 있는 수행법이다. 행주좌와行住坐臥 어묵동정語默動靜••에 언제 어디서건 공부할 수 있기 때문이다.

오랜 생명의 진화가 밑거름이 되어 비로소 정신의 궁극적 경지

• 운運에 맡겨[任] 표주박처럼 강물을 타고[騰騰] 흐른다. 선사가 자유자재하게 인연에 따르는 모습. 〈등등화상 요원가騰騰和尙 了元歌〉에 "오늘은 임운등등 내일은 등등임운今日任運騰騰 明日騰騰任運"이라는 구절이 있다.

•• 움직이거나[行] 머물거나[住] 앉거나[坐] 눕거나[臥] 말하거나[語] 침묵하거나[默] 움직이거나[動] 고요하거나[靜], 즉 모든 상황에서.

를 여는 '깨달음'이 가능해졌다는 의미에서, '선'은 가히 온 우주생명 진화의 꽃이라고 할 수 있다. 그 구체적인 수행법으로서 '간화선'은 인류가 남긴 정신문화 유산의 최고봉이라고 해도 과언이 아니다. 그 이유는 간화선이 인간을 깨달음에 이르게 하는 '정확하고 쉽고 빠른 지름길'이기 때문이다. 유사 이래 인간의 무명 업식을 지혜 광명으로 밝히는 데 있어서, 이렇게 효과적인 수행법이 출현한 적은 없었다.

많은 사람들이 우리 시대를 말법시대末法時代라고 한탄하지만, 사실은 그 반대다. 과학기술의 발달로 모든 정보가 공개되는 현대야말로, 누구나 쉽게 깨달음을 체험할 수 있는 인류 정신의 황금기라고 할 것이다.

선지식善知識이 인도하는 대로 따라 하기만 하면, 남녀노소와 국적을 가릴 것 없이 누구나 쉽고 빠르게 돈오를 체험하게 되는 '간화선의 대중화 · 생활화 · 세계화' 시대가 열리고 있다.

이렇게 정확한 간화선 수행법이 출현함으로써, 출 · 재가를 막론하고 누구나 일상에서 선을 공부할 수 있는 '깨달음의 보편화 · 사회화'의 길이 열린 것은 인류에게 참으로 다행스런 일이 아닐 수 없다.

그동안 간화선을 잘 보존해온 한국 조계종단을 통해 간화선이 세계화될 시절인연이 열리고 있는 것은 축복해야 될 일이다. 한국불교의 간화선법이 널리 알려져서, 전 세계에 걸쳐서 '선의 르네상스'가 이루어지기를 기원한다.

2

간화선의 문을 열다

1 발심해서 생사일대사를 해결하자

1. 생사 문제가 시급하다
2. 지혜를 밝히면 복은 따라온다
3. 간화선 공부는 누구나 할 수 있다
4. 아는 것으로 만족하면 안 된다

2 선지식이 길이다

1. 선지식이 의심을 걸어준다
2. 선지식을 찾아라

3 참선의 세 가지 필수 요소

1. 신심·분심·의심의 삼요가 필요하다
2. 오직 하나의 결정된 믿음으로
3. 분한 마음으로 거문고 줄 끊듯이
4. 첫걸음에 활구의심이 들려야 한다

1

발심해서 생사일대사를 해결하자

1. 생사 문제가 시급하다

나는 누구인가? 어디서 왔는가? 죽으면 어디로 가는가? 우리는 이런 근원적인 문제에 한번 정직하게 부딪혀야 한다. 이 생사生死 문제를 풀지 못하면, 허무한 인생을 면할 수가 없다.

시간은 늘 흘러가고 우리를 기다려주지 않는다. 한 번 태어난 사람은 누구나 죽음을 피할 수 없다. 모두가 부모로부터 인연하여 태어났다고 생각하지만, 그 부모의 이전에는 도대체 어디서 왔는지 까맣게 모르고 살아간다.

또한 죽으면 어떻게 되는지 전혀 알지 못한다. 그러고도 태연히 살아가는 자신의 모습을 돌아보면, 그 어리석음에 가슴이 섬뜩해진다. 일장춘몽一場春夢이 남의 일이 아니지 않은가?

이것이 생사의 큰일[生死一大事(생사일대사)]이다. 중생은 늘 나면 죽고, 죽으면 다시 태어나는 일을 거듭하며 살고 있다. 사회적 지위나 지식에 상관없이, 누리고 있는 부와 명예에 상관없이, 누구나 별 수 없이 시간의 흐름에 떠밀려 살아가는 허망한 인생을 살고 있다.

고봉원묘 선사는 이렇게 말했다.

> 생사의 일이 크고 무상함이 빠르다. 태어났으나 어디서 온 줄 모르는 것을 태어남의 큰일[生大事(생대사)]이라 하고, 죽어서 가되 어디로 가는 줄 모르는 것을 죽음의 큰일[死大事(사대사)]이라 한다. 다만 이 생사일대사生死一大事가 참선하고 도를 배우는 목구멍이며, 성불하고 조사가 되는 기관이다.
>
> 삼세 여래와 항하의 모래알처럼 많은 부처님들이 천만 번 변화하여 세간에 오신 것도 대개 이 생사일대사의 본원本源 때문이었으며, 서역의 28조사들과 중국의 6조사와 나아가서는 천하에 노화상들이 나고 죽고 거두고 펴고 하면서 역행 순행으로 교화하신 것도 이 일대사의 본원 때문이었다.
>
> 《선요》

옛 조사들은 생사 문제를 해결하는 데는 오직 '깨달음' 외에 달리 다른 길이 없다는 사실을 깊이 자각했다. 그래서 깨침으로 가는 지름길인 참선參禪을 간곡하게 권했다.

마치 불붙은 짚단을 머리에 이고 있는 것처럼 급히 서두르지 않고서는, 생사 문제의 난관을 돌파할 수 없다. 삼세의 부처님과 역대 조사들이 온몸으로 비바람을 맞으면서도 끝끝내 물러서지 않고 이 문제를 해결하고 인연 있는 중생들을 건지기 위해 애쓰신 것은, 오직 생사일대사를 해결하려는 원력 때문이었다.

우리는 그저 잘 먹고 잘사는 것에만 신경 쓰며 살아간다. 하지만 근본 입장에서 보면, 깨달아 마음의 눈을 뜨고 생사에서 벗어나는 일보다 더 시급하고 중요한 일은 없다.

마침내 시절인연이 맞아서 부처님과 선지식의 가르침을 믿고 따를 수 있는 기회가 도래했을 때, 최선을 다해서 발심해야 한다. 정성을 다하여 간절한 믿음을 일으켜 스승을 찾고 깨달음의 기연을 맞이해야 한다. 우물쭈물 하다가 그런 인연을 놓치면, 천추의 한이 될 것이다.

고봉원묘 선사는 이렇게 말했다.

> 만일 이 일을 확실하게 공부하는 것을 논의한다면, 정히 감옥에서 사형 당할 죄인이 문득 옥졸이 술에 취해 잠든 때를 만나 목에 쓴 칼과 족쇄를 두드려 부수고 밤새도록 달려 도망가되, 길에 비록 독룡과 사나운 호랑이가 많더라도 한결같이 앞으로만 달려서 마침내 두려움을 털어버리는 것과 같다.
>
> 이 무슨 까닭인가? 다만 하나의 '간절할 절切'자 때문이다. 공부할 때 과연 이 간절한 마음이 있으면 반드시 백발백중할 것이다.
>
> 《선요》

도를 구하는 사람은 '깨침의 인연'을 적극적으로 찾아야 한다. 여기저기 다니면서 그저 기웃거리기만 해서는 생사의 근본문제를 해결할 수가 없다.

지적 호기심을 자극하는 소리를 좋아하여 분별 견해를 익히는 데 빠져있다면, 가슴에 맺힌 응어리를 확 뽑아내는 살아있는 공부와는 인연이 멀다. '교학을 내려놓고 참선하라[捨教入禪(사교입선)]'는 당부가 그냥 나온 것이 아니다. 진실한 마음으로 선지식을 찾고, 마침내 기회가 왔을 때 최선을 다해야 한다. 고봉 화상은 간절懇切한 마음의 중요함을 다시 한 번 강조한다.

> 만약 이 일을 논의한다면, 다만 본인이 분명하게 간절한 마음이 있어야 한다. 간절한 마음이 있으면 '참 의심[眞疑(진의)]'이 문득 일어날 것이다. 참 의심이 일어날 때에는 점차漸次•에 속하지 않으며 당장에 번뇌가 몰록 쉬어지고 혼침과 산란이 함께 사라져 한 생각도 나지 않고 앞뒤가 끊어질 것이다.
>
> 이러한 시절에 이르면 반드시 문을 밀매 저절로 돌쩌귀에 떨어질 것이다. 만일 이 생각이 간절하지 못하여 참 의심이 일어나지 않는다면, 비록 그대들이 앉아서 부들방석[蒲團(포단)]을 백천만 개 헤어지게 하더라도 옛날과 같이 정오에 삼경의 종을 칠 것이다.
>
> 《선요》

• 차례를 따라 조금씩 진행됨.

2. 지혜를 밝히면 복은 따라온다

모든 일에는 본말本末에 따른 순서가 있다. 보통 사람들은 복福 받는 일을 좋아하고, 지혜智慧에 눈뜨는 일은 등한시한다. 복이 열매라면, 지혜는 뿌리다. 열매가 풍성하려면, 뿌리가 튼튼해야 한다. 지혜가 열려야, 복이 따라 들어온다. 이때의 복은 자타 모두를 이롭게 하는 청정한 복이다.

근본 뿌리가 다스려지면, 가지와 꽃과 열매는 저절로 해결된다. 현명한 사람은 기복祈福을 하기 전에, 먼저 지혜를 밝힌다. 생사의 문제를 해결하여 지혜의 안목을 갖추면, 나머지 일들은 순차적으로 정리되어 원만 구족해진다. 그러나 보통 사람들은 근본 입장을 해결하려고 하지 않고, 그저 달콤하고 조속한 결과만을 바란다. 그런 연유로 어리석게도 허망한 데 속아서 우왕좌왕하며 시간 낭비만 할 뿐이다. 세상에는 그런 미혹한 모습이 많이 깔려있다.

이런 점이 안타까운 나머지, 안목 있는 분들이 세상에 출현하여 부디 마음의 눈을 뜨라고 간곡하게 권선했다. 대혜종고 선사는 가르침을 청해온 사대부에게 이렇게 가르쳤다.

> 서생으로부터 재상이 되었으니, 이것은 세간에서는 가장 존귀한 일입니다. 그러나 만약 더 위를 향하여 통달하지 못하면, 곧 헛되이 사바세계를 한 번 왔다가 인과를 거둘 때에 한몸에 악업만 가지고 돌아갈 것입니다. 경전 가운데 '어리석은 복'이 삼생三生의 원수라고 하니, 어찌하여 삼생의 원수입니까?

첫째는 평생 어리석은 복을 짓는다고 견성見性을 하지 못했기 때문입니다.

둘째는 어리석은 복을 받아도 부끄럼이 없어서 좋은 일을 하지 않고 한결같이 업보를 짓기 때문입니다.

셋째는 어리석은 복을 다 받아서 좋은 일을 하지 못하고 몸을 벗을 때에 지옥에 들어가기를 쏜살같이 하기 때문입니다.

사람 몸 받기 어렵고, 부처님 법 만나기 어려우니, 이 몸을 금생에 제도하지 않으면, 다시 어느 생에 제도하겠습니까?

《서장》

우리는 잃어버린 지혜의 눈을 떠야 한다. 정확한 근거에 기초하고, 확실한 효과로 입증된 정법의 가르침을 만나야 한다. 그 만남의 기회를 통해 생사를 벗어날 수 있는 가치관에 눈뜸으로써, 근본적인 변화를 수용할 수 있는 인연을 열어야 한다.

모든 가르침은 수행을 통해 증명될 수 있어야 한다. 오랜 전통을 통해 명확한 과정과 결과에 의해 검증되어온 가르침에 따라 공부해야 한다. 간화선看話禪이 조계종의 공식 수행법이 된 데에는 다 그럴 만한 까닭이 있는 것이다.

불교를 모르는 사람에게는 생사를 밝히는 지혜에 눈뜰 수 있는 수행법을 소개해야 하고, 이미 불교를 믿는 사람에게는 바른 수행을 통해 보다 깊고 넓고 멀리 내다볼 수 있는 안목을 여는 기회를 제공해야 한다.

불교는 깨달음의 종교다. 부처님의 깊은 가르침은 수행을 통해 직접 체득하지 않고서는 제대로 이해할 수 없다. 그러므로 지혜를 밝히고 올바른 삶을 살기 위해서는, 누구나 수행을 해야 한다.

인생의 근본문제를 해결하라는 성인들의 가르침의 모든 근거가 수행 안에 있기 때문이다. 무엇보다도 법에 대한 바른 안목을 여는 것이 가장 중요하고, 그것은 바른 수행을 통해 이루어진다.

수행하지 않는 불자는 대부분 인천교人天教의 어리석음에 머물러 기복을 행하면서, 그것이 불법佛法인 줄 착각한다. 안목을 여는 데는 승속은 물론이요 남녀노소의 구별도 중요하지 않다. 진정한 불법은 인종이나 종교까지도 초월한다.

알고 보면 육도六道 윤회하는 중생들이 근본을 여읜 것이 아니다. 그대로 근본자리에 앉아 있으면서도 다만 스스로 미혹했을 뿐이다.

한 생각 돌이키면 근본에 사무쳐서 본래면목을 회복할 수 있는데, 환영에 속아 뜬구름 잡는 허망한 짓만 계속해서 반복하고 있다. 참으로 안타까운 일이다.

복혜福慧를 구족하신 부처님을 보라. 지혜를 밝히면, 복은 따라온다.

3. 간화선 공부는 누구나 할 수 있다

몸뚱이는 결국 썩어서 없어질 수밖에 없지만, 그래도 그 속에는 천하의 보물인 불성佛性이 들어있다. 모든 사람이 불성을 지니고 있기 때문에, 인연만 닿는다면 길은 열리게끔 마련이다.

간화선은 온몸으로 화두話頭를 타파하여 불성을 확인하는 수행법이다. 죽느냐 사느냐를 묻지 말고 최선을 다하여 화두 들고 바르게 의심疑心한다면, 소기의 목적을 이루지 못할 까닭이 없다.

한바탕 달려들어 신심과 원력을 다해 몸을 던지면, 수행을 통해 누구나 거듭날 수 있다. 다행히 불조佛祖께서 이미 근본을 밝힐 수 있는 길을 보여주셨기 때문에, 이제 깨달음의 문은 누구에게나 열려 있다.

간화선 공부는 없는 것을 새로 만들어 수행하고 깨닫는 것이 아니라, 누구나 이미 갖추고 있는 것을 확인하는 것이다.

아무리 객진번뇌客塵煩惱의 나그네들이 들락거리더라도, 본주인인 불성은 다만 제자리에서 여여如如할 뿐이다. 손님인 먼지는 생멸하지만, 주인인 허공은 여여부동 하듯이….

고봉 화상은 이렇게 말했다.

> 목전에는 비록 이루어지고[成(성)], 머물고[住(주)], 무너지고[壞(괴)] 없어지는[空(공)] 등의 모양이 있지만 용龍이 허물을 벗어버리는 것과 같으며, 나그네가 잠시 여관에 숙박하는 것과 같아서, 실로 그 본주인은 생멸이 없고 거래가 없으며 증감이 없고 노소가 없어서, 끝없는 옛적부터 금생에 이르도록 났다 죽었다 하여 천만 번 변화하여도 털끝만치도 옮기거나 바뀌지 않는다.
>
> 《선요》

눈앞의 생멸세계는 용이 벗어버린 허물과 같아서 우리가 볼 수 있지만, 주인인 용 자체는 보지 못한다. 그러나 생생히 살아있기에 온갖 생명의 작용이 펼쳐지고 있다. 과연 용이란 무엇인가?

화두를 들면 필연적으로 정신적인 벽에 갇히게 된다. 일단 그런 꽉 막힌 입장에 처해졌을 땐, 앞뒤 돌아보지 말고 온몸을 던져 부딪치지 않고서는 뚫어낼 수가 없다. 생명을 걸어놓고 싸우지 않고서는, 뚫고 나갈 도리가 없다.

바로 이러할 때 선지식은 학인學人이 타협하거나 물러서지 않고 앞으로만 밀어붙이도록, 외호를 서주고 독려한다. 길을 안내해주는 선지식만 만날 수 있다면, 이 공부는 누구든지 이룰 수 있다. 모든 사람이 할 수 있는 이유는, 누구나 불성을 지니고 있기 때문이다.

우리는 하루 24시간 이 불성을 지니고 쓰고 있지만, 미처 알아차리지 못한다. 그래서 《법화경》에서는 부잣집 아들이 집을 나가 거지생활을 하는 것과 같다고 한 것이다.

고봉 화상은 이 일을 이렇게 비유했다.

> 만일 이 일을 논의한다면 비유컨대 집 처마 끝에 한 무더기의 거름더미와 같다. 아침부터 저녁까지 비가 내리고 바람이 불어도 아무도 눈여겨보는 사람이 없어서, 특별히 한량없는 보배가 그 속에 있는 줄 알지 못하는 것과 같다.
> 만일 이를 얻어 가지면 백겁 천생 동안 취하여도 다함이 없으며 써도 모자람이 없다. 이 보배창고는 밖으로부터 온 것이 아니라, 모두

> 그대들의 믿음에서 나온 것임을 알아야 한다.
>
> 만일 믿음이 확실하다면 결코 서로 속이지 않겠지만, 만일 믿지 못한다면 비록 오랜 세월을 지내더라도 또한 옳지 않다. 여러분에게 널리 청하노니 곧 이렇게 믿어서 가난한 거지 아이가 되는 것을 면하라.
>
> 《선요》

간화선 공부를 누구나 할 수 있는 이유는 우리가 이미 가지고 있는 것을 확인하는 일이기 때문이다.

없는 것을 애써 구하는 것이라면 성취하는 사람도 있고 그렇지 못한 사람도 있겠지만, 누구나 평등하게 이미 가지고 있는 불성佛性을 한 생각 돌이켜서 확인하는 것은 모든 사람에게 가능한 일이다.

그러므로 이 공부는 누구나 할 수 있다고 말하는 것이다.

4. 아는 것으로 만족하면 안 된다

마음공부를 하면서 자기도 모르게 알음알이[知解(지해)]로 만족하고 있는 사람들이 많은데, 그런 사람일수록 진眞 발심하여 화두를 참구해야 한다.

"천하에 의심하지 않고 깨달은 사람은 없다"는 말을 들어보지 않은 공부인이 없겠지만, 많은 사람들이 알음알이에 방해받고 있으면서도 도무지 실참實參에 나아가려고 하지 않는다.

참선은 돈오頓悟에 생명이 있다. 돈오는 대승불교의 꽃이다. 식심識心이 끊어지지 않았으면, 그 속에 습기가 잠재되어 있는 법이다. 그러므로 경계현상에 속아 자기도 모르게 마음이 흔들리게 되어 있다.

그래서 일대사인연一大事因緣•을 참구해서, 생사 문제를 해결하라고 하는 것이다. 실참을 통한 분명한 체험을 직접 겪은 후라야, 비로소 근본문제를 해결하고 모든 업業에서 홀가분하게 벗어날 수 있다.

진실로 공부하겠다고 발심하는 것이 소중한 인연의 첫걸음이다. 알음알이는 발심을 방해할 뿐이다. 박산무이博山無異(1575~1630) 선사는 이렇게 말했다.

> 참선하는 데 의정을 일으키지는 못하고서, '이 심신은 순전히 잠깐 동안의 인연'이라고 속단하는 이들이 있다. 그들은 또 이렇게 생각한다.
>
> '잠깐 동안의 인연인 심신 속에 오고 가는 '한 물건'이 있어서, 모양도 없는 것이 움직이기도 했다, 가만히 있기도 했다 하면서 육근六根을 통해서 빛을 놓고 땅을 흔든다. 그것은 흩어지면 온 세상에 다 퍼지고 거두어들이면 터럭만큼도 안 된다.'

• 극히 중대한 인연이란 뜻으로 《법화경》의 핵심 주제이다. 부처님이 이 세상에 출현함은 대승·소승을 비롯한 온갖 차별된 중생들을 인도하여 《법화경》에서 말하는 일불승一佛乘의 가르침을 알게 하기 위한 것이므로, 결국 깨달음이 일대사인연이다.

그리하여 그 속에 도리가 있다고 착각하고는, 의정을 일으켜 참구하려 하지 않은 채, 거기서 '나는 큰일[大事]을 해 마친 사람이다'라고 생각한다. 그러나 그것은 생멸심이지 선禪은 아니다.

그들은 자신이 생사심을 타파하지 못했다는 사실을 까맣게 모르고 위와 같은 생각으로 '다 되었다'고 만족하고 있으니, 이것이야말로 알음알이에 희롱당하는 것이다.

《참선경어參禪警語》

'공부를 좀 한 사람'이 오히려 병통에 빠지기가 쉽다. '도대체 알 수 없는 이것'을 할 수 없이 이름하여 '마음'이라고 했을 뿐인데도, 그저 마른 지혜로 그 말을 이해하고 이제 알았으니 이것으로 되었다 하고 더 이상 깨달음의 인연을 찾지 않는다.

'이렇게 보는 것은 무엇이 볼까? 이렇게 듣는 것은 무엇이 들을까? 보고 듣는 것은 다 마음이 하는 것이고, 이 마음을 여의고 또 다른 것이 하는 것도 아니니까, 바로 이 마음을 깨달으라고 하는 것 아닌가? 그렇다면 이것 말고 또 무엇을 깨달으라는 것인가? 이 마음을 그대로 쓰면 되지….'

이렇게 오해하고 착각하며 어리석은 데 빠져서 한평생 속아지내는 학인들이 많다! 이 생각을 돌이켜서 활구活句 의심의 용광로 속에서 한바탕 죽다 살아나야 비로소 '아! 진정한 마음이라 하는 것이 온통 드러난 이 속에 있기는 있지만, 실제로 증득하는 것과 알음알이로만 만족하는 것의 차이는 엄청난 것이로구나!' 하는 사실을 깨닫게 된다.

알음알이로는 잠시 가벼워지더라도 생사심을 끊지는 못하기에, 결국 다시 어두워짐[昧]을 면할 수가 없다. 아무리 이치로는 살펴지더라도, 그것이 업을 녹일 수 있는 힘을 가지지는 못한다. 그래서 간화선을 통해 이 일단의 일을 직접 체험해서 통쾌하게 밝혀보라고 간곡히 당부하는 것이다.

옛 선지식은 '개는 흙덩이를 쫓아가지만, 사자는 던진 사람을 문다[韓盧逐塊 獅子咬人(한로축괴 사자교인)]'고 경책했다. 즉 어리석은 사람은 알음알이를 좇아가지만, 진실된 학인은 알음알이가 일어나는 진리眞理 당처當處를 확인한다는 것이다.

말과 생각과 뜻으로 드러난 이치는 알음알이에 불과하여 인간을 변화시키지 못하는 '사구死句'에 불과하다. 따라서 말과 생각과 뜻이 끊어진 근본자리를 참구해야 살아있는 '활구活句'가 된다.

진리 당처를 뜻으로 풀고 이해하는 데 그치면 사구이고, 알음알이가 끊어진 그 자리에서 참구해야 활구가 된다. 일대사인연을 사량분별로는 도저히 해결할 수가 없는 법이다. 엄중한 생사 문제가 사량분별을 통해 해오解悟하는 것으로 풀어지겠는가.

실제로 화두 들고 마음속 용광로에 들어가서 철저하게 삶아지고 난 다음에야, 뭔가 변화를 수용할 수 있는 안목이 열린다. 말귀를 알아듣고 이해하는 것에 머물러 있지 말고, 참으로 발심해서 실제 수행에 나아가야 한다.

알음알이의 노예가 되어 끌려 다니지 말고 화두를 타파하여 한 생각 일어나기 전의 본래면목을 체험하고 안목을 밝히면, '가는 곳마다 주인이 되고 있는 자리마다 진실되다[隨處作主 立處皆眞(수처작주 입처개진)]'는 임제 선사의 가르침이 실현될 것이다.

보통 사람들은 무명無明에 빠져 있는 줄도 모르고 일어나는 생각에 종일 끌려 다니면서 시간을 다 보낸다. 그리고 자기가 그렇게 속아서 사는 사실조차 분명히 자각하지 못한 채, 하루하루가 쌓이면서 일생을 그르치고 만다.

화두는 식심識心이 작동하지 못하게 가두는 금강의 철벽이자 용광로이기 때문에, 알음알이는 그 속에서 철저히 녹아내린다. 고인들은 말하기를, 맹렬한 화두는 눈송이가 닿자마자 녹는 화로•와 같다고 했다. 망념을 녹이는 데는 활구의심만한 것이 없다.

육조 스님도 "지금 하고 있는 분별과 망상의 알음알이가 착각인 줄 알고, 그 꿈에서 깨어나기만 하면 된다. 꿈을 깨고 착각을 부수면, 그대로 부처가 드러난다"고 하였다. 황벽 스님도 "망념만 여의면 곧 여여한 부처다[但離妄念 卽如如佛(단리망념 즉여여불)]"라고 하였다.

그러므로 우리가 불법을 깨달으려면, 스스로 자기도 모르게 일으키는 착각에 속지 말아야 한다. 많은 선원의 입구에 "이 문으로

• 서산대사 오도송에 "붉은 화로에 눈이 녹는다[紅爐一點雪]"는 표현이 있다. 여기서 화로는 깨달은 사람이고, 눈은 깨달음의 흔적이다. 또한 곽암사원廓庵師遠(생몰 미상. 임제 12세손) 선사의 십우도 송頌의 제8 '인우구망人牛俱忘'에 "붉은 화로의 불꽃이 어찌 눈을 용납하리오[紅爐焰上爭容雪]"라는 표현이 나온다. 여기서 화로는 화두, 눈은 분별망상을 가리키는 비유로 쓰였다.

들어오는 자는 알음알이를 내지 말라[入此門來 莫存知解(입차문래 막존지해)]"라는 주련이 걸려 있는 이유가 여기에 있다.

알음알이가 사라진 바로 그곳이 진리 당처이지 달리 특별한 곳은 없다. 다만 스스로 알음알이를 내려놓기 어렵기 때문에, 화두를 들고 조사관을 뚫으라고 하는 것이다.

화두는 알음알이를 타파하는 공인된 장치다.

2

선지식이 길이다

1. 선지식이 의심을 걸어준다

만일 눈 밝은 선지식善知識만 만날 수 있다면, 이 공부는 누구라도 능히 감당할 수 있다. 선지식은 자신이 깨달은 경험을 바탕으로 남도 깨닫게 해줄 수 있는 근거와 힘을 지닌 분이다. 명안종사라면 인연 있는 모든 이들이 공부할 수 있도록 장치를 해줄 수 있는 힘이 있기 때문에 이 공부를 어렵지 않게 성취할 수 있도록 도움을 줄 것이다.

> 다만 모든 부처님 앞에 큰 소원 세우기를 '이 마음이 견고해서 영원히 물러나지 않고, 모든 부처님의 가피력에 의거하여 선지식을 만나서, 한마디 말 아래 생사를 한순간에 잊고, 위없는 바르고 평등한 지혜를 깨달아 부처님의 혜명을 이어서 모든 부처님의 막대한 은혜를

갚게 해주소서' 하라. 만약 이와 같이 오래하면 깨닫지 못할 이유가 없다.

《서장》

선지식은 학인으로 하여금 내면의 정신적인 벽과 부딪히도록 몰아넣는다. 선지식은 공안을 제시하여 상대방으로 하여금 의심토록 하고, 그 의심한 내용이 옳은지 그른지를 점검해서 깨달음의 길을 열어준다. 선지식을 믿고 의지한 학인이 끝까지 그 입장을 고수한 끝에 시절인연을 따라 화두의심이 타파되면, 마침내 마음의 눈이 열리게 된다. 따라서 발심한 학인은 반드시 선지식을 찾아야 한다.

이 공부는 어떤 화두로 공부하느냐가 아니라, 눈 밝은 선지식을 만나느냐 못 만나느냐에 따라 결판이 난다 해도 결코 틀린 말이 아니다. 혼자서 화두를 들고 의심을 일으켜보려고 아무리 애써도, 예부터 '혼자서는 백이면 백, 천이면 천이 다 실패하고 만다'고 했다. 그렇지만 선지식을 만나면, 그저 시키는 대로 하기만 해도 의심疑心이 쉽게 일어난다. 선지식은 믿고 들어온 사람으로 하여금 물고기에 낚시 바늘을 걸듯이 화두의심을 걸어주기 때문이다.

화두가 걸리면, 그 자리에서 즉시 의심하게 될 것이다. 만일 선지식을 만나는데도 의심이 걸리지 않으면 인연 있는 선지식을 찾아 다른 곳으로 떠나야 한다. 그런데 화두에 걸리지도 않은 것을 걸린 것처럼 착각하여 억지로 들려고 하면, 그것은 사구死句를 드는 것으로 결국 공염불이 되고 만다. '의심되어질 수밖에 없는 의심'을 해야만 공부가 진행된다. 하지만 처음으로 공부하는 학인 스스로가 이 점을 확인할 수 없기 때문에, 선지식의 점검을 꼭 받아야 하는 것이다.

이때 선지식은 달리는 말에 채찍질을 하듯이, 학인이 물어오면 의심을 더 크게 해주기 위해 멱살을 움켜쥔다든지, 할喝을 하든지, 방棒으로 쳐주든지, 아예 쫓아내든지, 침묵하든지 등등 여러 가지 수단을 베푼다. 상황에 맞게 설상가상雪上加霜이 되게 하거나 주마가편走馬加鞭을 하는 것이다. 공부하려는 믿음과 인연이 있는 사람이라면, 그것을 피하지 않는다. 이럴 때 더욱 강하게 화두를 밀어붙일 수 있게 될 것이다.

아무리 두들겨 맞더라도 죽기 살기로 좇아 들어가서 매달리는 학인이라면, 큰일을 감당해낼 수가 있다. 학인이 경계를 만나서 용을 쓰고 있을 때, 자비로운 선지식이라면 더욱더 쥐어틀어 주는 법이다. 예로부터 선지식의 자비는, 때로는 밭가는 농부의 소를 빼앗고, 거지의 밥통도 빼앗을 수 있어야 한다고 했다.

선지식은 학인으로 하여금 마치 천군만마 속으로 쳐들어간 사람처럼 싸우게 만들어준다. 이에 학인은 적군과 아군을 가릴 겨를도 없이, 그저 정신없이 싸울 뿐이다. 오직 밤낮없이 싸워서 살아남을 수 있도록 채찍을 가해줄 뿐이다. 그 전쟁터에서 혹 아는 사람을 만나도 '아, 옆집 아무개네!' 하고 잠시 볼 뿐이다. 죽기 살기로 정신없이 싸우는 상황에 이를 정도가 되어야, 비로소 공부가 익어가는 법이다. 한참 화두의심에 들어가 몰두할 때에는 밤인지 낮인지, 앉았는지 섰는지도 의식하지 못한다.

이렇게 선지식이 활구로 잡아채서 사정없이 길들일 때에는 빠른 시간 내에 해결되기 마련이다. 어떻게 해야 한 번에 의심이 잡들어질• 수 있는가? 그 잡들어진 의심을 어떻게 지속시키는가? 어떻게 하면 번뇌 망상을 이겨내면서 화두에 집중하는가? 이런 점들이 해결되어야 공부가 진척된다.

자기 의지만 가지고는 안 된다. 온몸을 던져 타파해내겠다는 의지를 내더라도, 안내자의 능력이 충분하지 못하면 중도에서 길을 잃을 수 있다. 안내자가 있으면, 비록 의지가 조금 약하고 스스로 헤매더라도 적절한 인도를 통해서 좋은 결과를 얻을 수 있다.

선지식이 곧 길인 것이다.

2. 선지식을 찾아라

참선하는 학인은 선지식의 호법護法에 힘입어 공부하는 법이다. 어쩌다 활구 들고 의심한다 하더라도, 선지식이 옆에 없으면 성공하기 힘들다. 공부 중에 만나게 되는 온갖 역순 경계를 혼자서는 이겨내기가 어렵기 때문이다.

처음 길을 가는 사람은 마냥 오리무중이다. 활구의심에 걸려들면, 그 속은 칠통漆桶처럼 깜깜해서 들어가면 들어갈수록 어둡다.

• 잡들다: 잡아 들다, 붙들다, 꽉 잡다.

거기서 살아남으려면 안내자 없이는 어렵다. 선지식은 "화두의심, 이것만은 놓치지 마라. 이것만 놓치지 않으면, 설사 잠시 길을 잃어버리더라도 끝내 집에 갈 수 있다"고 믿음을 심어준다.

화두의심 속은 어둡기도 하지만 또한 경계가 엄청나게 일어난다. 거기서 학인에게 가장 힘든 것은 두려움이다. 시커먼 것이 덮쳐오면 몰칵 겁이 나서, 이러다가 목숨을 잃어버리는 게 아닌가 하는 생각이 엄습해온다. 그러면 자기도 모르게 질려서 물러서다가 화두를 놓쳐버린다. 한 번 놓치면 다시 들기 어렵고, 설사 다시 들었다 하더라도 그 경계가 닥치면 또 물러나고 만다.

화두 공부를 하다 보면 온갖 '그림자'가 덮쳐온다. 그런 어두운 생각과 감정, 기운들 가운데서 '죽기 싫은' 그림자가 가장 무섭다. 이 공부를 이루려면 그런 경계 속에서도 버티고 참아내야 한다. 겁도 나고, 의혹도 일어나며, 분별심도 창궐하는 등 별별 업식의 그림자가 다 일어나기 때문에, 선지식이 옆에서 호법護法해주는 것이 중요하다. 그렇게 안내자가 옆에서 격려해주고 도와주어야, 내심 든든해서 끝까지 견뎌낼 수 있다. 콩 심은 데 콩 나고, 팥 심은 데 팥 난다. 눈 밝은 선지식을 통해 단 한 번에 끝낼 수 있는 원인 제공을 받고 결과를 나투어야 할 것이다.

공부 중의 갈림길에서 바른 판단을 내려야 할 때나, 첩첩의 장벽을 뚫어야 할 때에 선지식의 보호와 응원이 꼭 필요하다. 일단 공들여 그 장벽을 뚫어내면, 그때부터는 상相을 끊는 힘을 갖추기 때문에 간화선을 지름길이라고 한다.

단 한 번에 끝내는 것이 제일 좋다. 그래서 이 공부를 하려는 사람은 무엇보다도 먼저 깨달음을 위한 바른 원인을 제공받을 수 있는 인연을 만나기 위해 최선을 다해야 한다.

대혜종고 선사는 말했다.

> 무상이 신속하고 생사의 일이 큰데, 만약 아직 이 일을 밝히지 못했다면, 마땅히 한결같은 마음과 한결같은 뜻으로, 능히 사람의 생사화택을 타파해주는 한 본분작가를 찾아서 그와 더불어 죽을 각오로 공부를 하라. 홀연히 칠통漆桶이 타파된다면 문득 이것이 철두철미한 자리가 될 것이다.
>
> 《서장》

아직 눈 밝은 선지식을 못 만났다면, 그분을 만나게 해달라는 기도야말로 소중한 인연을 열어주는 씨앗이 된다.

그런데 그렇게 애를 써서 찾아간 선지식이 정말 공부길을 잘 열어서 인도해줄 수 있는 명안종사인지는 신중하게 판단해야 한다. 과연 온몸을 던져 믿을 만한 분인가? 그 판단이 중요하다.

올바르게 눈뜰 수 있는 공부 인연에 나아가서 시간을 보내고 있느냐? 이 점을 스스로 잘 돌이켜보아야 한다. 이 공부는 많은 시간이 필요한 것이 아니다. 선지식과 인연을 맺고 어느 정도 시간을 보낸 사람이라면, 화두의심이 잘 되고 있는지 아닌지를 선지식에게 점검받아야 한다. 만일 선지식의 지도를 받으며 꽤 오랜 시간을 보냈는데도 아무런 진전이 없다면, 인연이 없든지 화두 상에서 게으름을 피운 것이다.

환자를 치료한 실적이 많은 의사를 찾아야지, 아무리 유명해도 그 밑에서 완쾌된 사람이 나오지 않은 의사라면 아무 소용이 없다. 선지식 밑에서 공부하고 있는 사람들을 살펴보라. 만일 그들이 공부의 맛을 보고, 실제 생활에서 진전된 모습을 보이고 있으면, 선지식의 지도가 올바른 것이다. 향상될 수밖에 없는 입장으로 장치를 시설하고 있는 것이다. 이렇게 선지식과 도반들이 호법하고 경우에 따라서는 채찍질도 해주는 환경을 찾아 들어가야, 공부에 진전을 보게 된다.

눈 밝은 선지식을 만난다면, 공부의 반은 성취된 것과 진배없다. 선지식을 찾아라!

3

참선의 세 가지 필수 요소

1. 신심·분심·의심의 삼요가 필요하다

참선의 꼭 필요한 세 가지 요소로는 신심信心, 분심憤心, 의심疑心이 있다. 고봉 화상은 이 '삼요三要'를 강조했다.

만일 착실히 참선함을 말하자면 반드시 세 가지 중요한 요소를 구족해야 한다.

첫째 중요한 것은 '큰 믿음[大信根(대신근)]'이 있어야 하나니, 이 일은 하나의 수미산을 의지함과 같은 줄을 분명히 아는 것이다.

둘째 중요한 것은 '크게 분한 뜻[大憤志(대분지)]'이 있어야 하나니, 마치 부모를 죽인 원수를 만났을 때 당장 한 칼에 두 동강을 내려는 것과 같다.

셋째 중요한 것은 '큰 의정[大疑情(대의정)]'이 있어야 되나니, 마치 어두운 곳에서 한 가지 중대한 일을 하였는데 곧 드러나려 하면서 아직 드러나지 않은 때에 있는 것과 같다.

24시 가운데 과연 이 세 가지 중요함만 갖출 수 있다면, 한정된 시일에 공을 성취하여 독 속에 달리는 자라를 두려워하지 않을 것이다. 만일 그중에 하나라도 빠지면 마치 다리 부러진 솥이 마침내 못 쓸 그릇이 되는 것과 같을 것이다.

《선요》

진실된 마음으로 수행에 임하는 학인學人이라면, 먼저 '화두법이 깨달음을 구하는 지름길'이라는 사실을 철저히 믿어야 한다. 실상 상근기란 이 믿음[信心]이 큰 사람을 일컫는다. 불법의 안목을 여는 진실된 수행법으로서 화두 공부를 믿고 온몸으로 활구의심을 풀려고 애쓴다면, 한정된 기간 내에 공부를 성취할 수 있다. 강골처럼 견고한 발심을 했으면, 결정신決定信을 얻지 못할까 걱정할 필요가 없다. 간화선법과 선지식을 꼭 믿어야 화두 의지를 온몸으로 밀고 나갈 수 있다.

활발발해서 들려고 하지 않아도 들려질 수밖에 없는 화두의심에 나아가서 공부하려면, 먼저 믿음이 확고해야 한다. 마치 육중한 수미산에 의지하는 것처럼, 간화선 공부 인연을 한번 믿었으면 끝까지 투철해야 한다. 그렇지 않고서는 이 공부가 쉽지 않다.

두 번째, '이 일을 꼭 이루고 말겠다'는 분한 마음[憤心]이 일어나야 한다. 인생이 내 마음대로 안 되는 것은 무명 업식의 노예로 살아왔기 때문이다. 내가 누구인지도 모르고, 경계를 대할 때마다 흔들리는 마음을 어찌해볼 수도 없다. 부처님은 그 마음을 항복 받으라고 했지만, 어떻게 해야 되는지도 모르고 세월만 보내왔다. 더 이상 이런 삶을 이어갈 수는 없다고 결심해보지만, 마땅한 길이 잘 보이지 않는다. 겨우 이런저런 수행법과 인연을 맺어보지만, 잠시 맑아졌다가 말 뿐 생멸세계를 벗어날 수는 없다.

마침내 선지식을 만나 화두 참구를 시작해도, 처음에는 대부분 막막하기만 하다. 아무리 애써보아도 도무지 해결 날 기미가 보이지 않는다. 아무리 해도 안 되니까, 저절로 애간장이 타게 된다. 어쩌다 길이 보이는가 싶어도, 언제 끝날지 종잡을 수가 없다. 그러니 늘 석연치 않고 가슴 한구석에 찝찝함이 자리 잡아서 갑갑하고 괴롭다. 화두를 들고 아무리 해도 안 된다 싶을 때는 울분이 나는 법이다. '이 공부는 누구라도 되는 공부라는데, 왜 나만 못 하고 있는가?' 이럴 때는 오기도 나고 분통도 터져 나온다.

그럴 때 선지식이나 도반이 옆에서 염장이라도 질러주면, 뭐라고 할 수 없이 꽉 막힌 그런 화 기운이 천지 분간 못 하고 치솟는다. 이와 같은 분심이 솟아나야 용맹스런 추진력이 생기기 때문에, 화두를 타파하는 데에 꼭 필요한 두 번째 요소라는 것이다.

세 번째, 생사일대사를 해결하기 위해 화두를 드는 데 있어, '의심疑心'이 일어나지 않으면 아예 공부가 시작되지 않는다. 그런데 화두의심이란 일반 사람들이 어떤 대상을 의심하는 그런 종류의 것이 아니다. 그것은 생사와 자아정체성 등 근본문제에 대한 의문을 말한다.

불교 공부를 조금이라도 한 사람이라면, 불법을 이치상으로는 웬만큼 알아들을 수가 있다. 그런데 왜 가슴이 시원해지지는 않는가? 아는 것이 업業을 없애주지는 못하기 때문이다. 이해는 하는데 마음은 여전히 답답하니 의심이 생기지 않을 수가 없다. 이치는 빤한 것 같은데, 마음속의 답답함은 도무지 해결되지 않는다. 그 답답함이 의심의 단초가 된다.

24시간 계속해서 잠시도 짬을 두지 않고 '근본에 대한 의심'이라는 하나의 일에 매진하면, 곧 화두 일념이 돼서 의심이 돈발하고, 돈발된 의심이 의정으로 되고, 그 의정이 의단독로되는 입장에서 시절인연을 기다리게 된다.

이 신심·분심·의심의 삼요를 갖춘 상태에서 선지식을 만났을 때는 더 쉽고 빠르게 공부가 진행된다. 하지만 설사 그런 마음이 부족하더라도 눈 밝은 선지식을 만나기만 하면, 그분이 학인으로 하여금 필요한 삼요를 갖추도록 이끌어준다.

선지식은 신심, 분심을 불러일으키고 또 의심이 끊어지지 않게끔 해서, 결국 학인을 꼼짝달싹 못하는 은산철벽 속에 몰아넣고 스스로 빠져나오기를 촉구한다. 단도직입으로 죽을 지경으로 내모는 것이다.

어쨌든 깨닫고 난 뒤에야 비로소 신심이니 분심이니 의심이니 하고 돌아봐지지만, 실제로 화두 들고 공부할 때에는 그저 정신없이 몰두하는 것 외에는 다른 여유가 없을 것이다. 어떤 이유도 달지 말고 선지식이 시키는 대로만 하라!

2. 오직 하나의 결정된 믿음으로

화두 공부할 때는 믿음을 가지고 선지식의 가르침을 결택해야 한다. 믿음 없이 혼자서 공부하면, 번번이 빗나가고 어리석어진다. 한번 믿었으면, 자기 생각은 일체 내려놓고 선지식이 시키는 대로 해야 한다.

역대의 많은 선사들이 《화엄경》 〈현수품〉의 구절을 빌려 믿음의 중요성을 강조했다.

> 무릇 참선은 승속을 구별할 것 없이 오직 하나의 결정된 믿음이 필요하다. 그러므로 말씀하시기를 "믿음은 도의 근원이요, 공덕의 어머니다. 믿음은 위없는 불도며, 영원히 번뇌의 근원을 끊을 수 있으며, 속히 해탈의 문을 증득할 수 있다"고 한 것이다.
>
> 《선요》

선지식은 화두를 타파할 수 있는 인연을 제시해주는 눈 밝은 분이다. 한번 공부를 시작하면, 온몸으로 부딪쳐야 한다. 그럴 때, 선지식은 그 믿음을 보고 더욱 몰아넣어 준다. 아무 데나 팍팍 침을 놓는 것 같지만, 일거수일투족이 정곡을 찌르고 있다.

그런데 신심信心이 있어야, 공부 과정에서 일어나는 아픔과 답답함을 이겨낼 수가 있다. 어떤 변화가 일어나도 수용하고 견디며 극복함으로써, 마침내 근원적인 병을 치료할 수 있다. 크게 믿으면 크게 의심하고, 의심이 크면 크게 깨친다. 사실 믿음이라고 얘기할 것도 없이 온몸으로 믿어져야 한다. 나아가 믿어라 마라 할 것 없이 믿음 그 자체가 되어야 한다. 믿음을 이야기하는 것 자체가 어리석을 정도가 되어야 한다.

따로 '믿어야지' 하는 것은 아직 참다운 믿음이 아니다. 믿고 안 믿고 관계없이 믿을 수밖에 없는 마음이 되어야 한다. '지혜로운 눈을 열려면 이 길 밖에 없다'라는 입장에서 스승을 의지해야 된다. 그것은 우리가 상상으로 이해할 수 있는 믿음이 아니라, 죽음도 불사할 수 있는 믿음이어야 한다. 생명이 귀한 줄 알고 철두철미하게 그 생명조차 바칠 수 있다는 입장이라면, 비로소 깨달음의 문이 열릴 것이다.

이 공부를 하는 데 있어서는 삼륜三輪•이 청정해야 한다. 가르치는 사람이나 배우는 사람이나 나아가 가르치는 내용이 불조의 가르침에 맞아떨어져야 밝은 내일을 기약할 수 있는 힘이 나온다. 삼륜이 청정한 것도 믿음에서 나온다.

바른 원인을 심어야 충실한 결과가 맺어지는 것처럼, 믿음이 바

• 보시할 때에 보시하는 이, 보시 받는 이, 보시하는 물품의 세 가지가 모두 청정해야 함을 '삼륜청정三輪清淨'이라 한다. 여기서는 가르치는 사람, 배우는 사람, 가르치는 내용의 셋을 삼륜이라 하고 있다.

로 서야 깨달음이 원만해진다. 우리는 이 세상에 태어나서 위대한 성자인 석가모니 부처님과 그 법을 이어주신 역대 조사님들을 만났다. 나아가 그분들이 열어주신 귀한 간화선 공부 인연이 지금 여기의 우리에게 이어진 사실은 뼈저리게 감사한 일이다.

믿음이라 하는 것은 무엇인가? 안목이 바로 서는 것이다. 정견正見으로 들어가는 것이다. 올바른 공부는 바른 안목으로 믿어 들어가서 향상되게 하는 것이다. 부처님 가까이 다가설 때, 부처님과 같이 될 수 있다는 것이 믿음이지, 과연 부처가 될 수 있을까 없을까 하고 확신이 서지 않는 믿음이라면 힘을 발휘할 수가 없다. 참선 수행자에게 필요한 믿음의 근거는 '누구나 여래의 공덕과 덕상을 원만하고도 평등하게 갖추고 있다'는 부처님의 가르침에서 기원해야 한다.

우리는 누구나 마음을 가지고 쓰면서 살고 있는데, 선禪에서 말하는 믿음의 대상은 누구나 이미 완벽하게 갖추고 있는 이 본심을 말한다.

> 선종에서는 범부에서부터 부처까지 완전히 똑같다고 한다. 이 말은 사람들이 믿기 어려운 데가 있겠으나, 믿는 사람은 선을 할 수 있는 그릇이고, 믿지 않는 사람은 근기가 아니다. 모든 수행자가 이 방법을 택하려 한다면 반드시 믿음으로부터 들어와야 한다.
>
> 그런데 '믿음'이란 말에도 그 뜻이 얕고 깊은 차이와 바르고 삿된 구별이 있으므로 가려내지 않으면 안 된다. 믿음이 얕다고 하는 것은

무엇을 말하는가? 불교에 입문한 이라면 뉘라서 불자가 아니라고 자처할까마는 그런 사람은 단지 불교만을 믿을 뿐, 자기 마음을 믿지 않으니 이것을 믿음이 얕다고 하는 것이다.

《참선경어》

불조의 가르침에 대해 평소에 돈독한 믿음을 잘 간직해오다가 시절인연 따라서 참선할 수 있는 기회가 제공되었을 때, 기존의 고정관념과 선입견을 일시에 내려놓고 곧장 의심다운 의심 속으로 들어가야만 한다.

오랫동안 기다리던 선지식을 만나면, 바른 믿음을 일으키지 않을 수 없다. 인연 없는 사람은 세속의 흐름 따라 속절없이 흘러갈 것이지만, 숙세의 인연이 있는 사람들은 믿으면 믿는 만큼 생사일대사의 본원에 대한 활구의심이 깊어지고 넓어진다. 그러면 공부하기도 한결 수월해진다. 하나의 일관된 믿음으로 모든 방해를 극복하고 공부를 성취할 수 있는 힘을 얻는다. 선지식을 통해 본심에 대한 믿음이 더욱 깊어진다. 그 믿음은 분심과 의심을 불러일으킨다.

'이렇게 간절하게 믿는 우리의 본래 마음이라는 것이 도대체 어떤 것인가? 그것은 누구에게나 본래 완전하게 갖추어져 있고, 그것이 바로 부처라는데! 이 사실을 밝히지 않고서는 도저히 살 수가 없다. 선지식을 찾아 해결하고야 말리라!'

3. 분한 마음으로 거문고 줄 끊듯이

한번 화두를 결택했으면, 분한 마음을 일으켜 일도양단 하듯이 그냥 밀어붙여야 한다. 일념만년一念萬年이므로, 생사일대사를 해결하려면 마치 부모 죽인 원수를 만난 것처럼 분심 속에서 화두를 들지 않으면 안 된다.

> 당장에 큰 신심을 내고 큰 의심을 일으켜 의심해 오고 의심해 가라. 한 생각이 만 년이 되고, 만 년이 한 생각이 되게 하라. 분명하게 이 일법一法의 귀결처를 보려면, 마치 어떤 사람과 생사의 원수를 맺은 것과 같이 해야 한다.
>
> 마음에 분한 생각을 내어 곧 그와 일도양단을 하고자 하여, 잠깐도 쉼이 없이 모두 맹렬하고 날카롭게 채찍질하는 시절이 되어야 한다.
>
> (…)
>
> 크게 분발심을 내어 마치 금강 같은 날카로운 칼로 한 줌의 실을 벨 때, 한 번 베면 모두 다 끊어져서 그 후에는 다시 이어지지 않게끔 하라. 그러면 당장 혼침과 산란이 말끔하게 없어져 실 끝만치도 막히거나 걸림이 없으며, 아무런 법도 생각에 걸리지 않음이 마치 갓난아기와 같을 것이다.
>
> 《선요》

선지식을 만나서 한마디 듣는 그 순간부터, 물러서지 않는 강한 의지로 끝까지 밀어붙여야 한다. 아무리 힘들어도, 한번 마음먹었으면 끝장을 봐야 한다.

이 공부를 하다 보면 사람들은 은산철벽에 막혀 저도 모르게 분심憤心을 내어서, 관문을 세워놓은 부처와 조사들을 미워하지 않을 수 없게 된다. 학인은 마땅히 불조께서 사람들에게 미움받는 곳을 잡아내야 한다.

누구에게나 쉽게 가르쳐 주고 바로 다 깨닫게 해주면 좋겠지만, 혹독한 추위를 견뎌낸 뒤에 매화가 피는 것처럼 보통 사람의 오랜 악습은 쉽게 고쳐지지 않는다. 선지식이 자비를 베푸는 모습은 마치 죄도 없는 사람을 옥에다 잡아넣고 주리 틀듯이 심문하는 것과 같다. 그러므로 당하는 사람은 자괴심이 들어 마냥 무너져버릴 수도 있다.

선지식이 무자비하게 몰아붙이는 까닭은 분심을 일으키게 하기 위해서다. 학인은 그럴수록 화두에 더 집중해서 어떤 방해가 와서 힘들게 할지라도, 화두를 믿고 끝까지 밀어붙여야 한다. 분심은 마치 도자기 요를 달구는 불길에 던져 넣는 장작개비와도 같아서, 화두를 밀어붙이는 힘을 배가시켜 준다. 분심은 화두라는 로켓의 연료와 같다. 그 힘은 전도몽상의 대기권 밖으로 뚫고 나가게 해준다.

참선할 때 의심이 일어났으면, 이제는 그것을 깨부숴야 한다. 그 의심이 깨어지지 않을 때는 바른 생각을 굳건히 하고 용맹심을 내어 간절, 또 간절하게 참구해야만 비로소 제대로 되어간다 하겠다. 경산徑山의 대혜大慧 스님께서도 다음과 같이 말씀하셨다.

> "대장부가 일대사인연을 결판내려 한다면 우선 체면치레부터 집어 치우고 급박한 마음으로 척추를 세워 꼿꼿하게 앉아서는 인정에 끌리지 말라.
> 평소에 품어오던 자기 의심을 붙들어 늘 염두에 두고는, 마치 백만 냥을 빚진 빚쟁이가 사람들에게 상환을 추궁받는 것처럼 되어야 한다.
> 갚아줄 돈이 한 푼도 없는 데서 다급하고, 바쁠 것 없는 데서 바삐 서두르며, 큰일날 것도 없는 데서 무슨 일이나 난 듯 참구해 나가야 한다. 그래야만 비로소 이 생사 문제가 해결될 기미가 보이리라."
>
> 《참선경어》

천길 우물 속에 갇혀, 오로지 살 길만 찾고 있는 사람의 입장에서 보면 언제 벗어날지 알 수 없는 상태이기 때문에 죽을 지경으로 힘들다. 이와 같은 상황을 참고 견디기란 쉽지가 않다. 한 번도 겪어보지 않은 전인미답의 일을 처음으로 겪게 되는 것이므로, 실제로 당하는 사람은 너무나 힘들어서 그 순간 이런 참담한 상황에 빠트린 선지식을 미워할 수도 있다.

동산 스님에게 학인이 물었다. "더위가 없는 곳으로 가려면 어떻게 해야 합니까?" 스님이 답했다. "더위 속으로 들어가 쪄죽어라!" 죽이고 살리는 선사의 자비는 참으로 격렬하다. 끈질긴 중생의 업식을 다스리려면 그만큼 혹독한 수단이 요청된다.

그렇게 분심을 내서 죽어도 좋다는 각오와 집중력으로 밀어붙여야 공부 인연이 성숙해진다. 옆에서 호법을 서주는 선지식이 때에 당해서 자꾸 채찍을 가해주는 것도 모두 분발시키려고 하는 것이다. 믿음을 낸 사람이라면 그래도 감지덕지하고 끝까지 달라붙어야 한다.

특히 처음에 한 고비를 넘길 때까지는 강한 집중이 필요하다. 분심이 강하게 일어날수록, 집중도 강해진다. 사생결단하려고 덤비기 때문이다. 따라서 이기고 지고를 생각하지 말고 오직 싸우는 그 일에만 집중해야 한다. 천군만마 속으로 달려 들어간 장수처럼 싸우라는 것이다.

아무리 패배를 거듭할지라도 최후의 승리는 학인의 것이 될 수밖에 없는 이치를 선지식은 잘 알고 있기에, 거칠게 독려하는 것이다. 학인은 문제의 답인 본심을 스스로 이미 가지고 있다. 그것이 결정된 믿음이다.

열 번 다 진다 할지라도 상관하지 말고 부딪쳐야 한다. 온몸으로 부딪치되 걱정하지 말라. 두려워하지 말고 믿음으로 버텨야 한다. 최선을 다해서 버티고 버틴 끝에 단 한 번 승리를 거머쥘 때, 거기서 묘妙가 나온다. 그런 용맹스러운 마음과 이기려고 하는 지략을 가지고 최선을 다할 때, 결정적인 승리를 얻을 수 있다는 믿음이 마침내 현실화되어 눈앞에 나타난다.

공부를 하려고 뜻을 세웠다면, 초지일관 한 꾸러미로 꿰어서 끝내려고 하지 않으면 안 된다. 그래서 끝낼 수 있을 때 끝을 내라고 한 것이다. 힘들고 어렵고 도저히 불가능하다고 여겨지더라도, 버티고 버텨 끝장을 봐야 한다. 세상에 쉬운 일이 어디 있나? 한번 시작했으면, 끝낼 수 있을 때 끝내야 한다. 이럴 때 이를 악물고 참고 버텨내야만 상대세계 이상의 다른 차원을 맛볼 수 있을 것이다.

화두의심을 지독하게 붙잡고 어떤 방해가 오더라도 돌아보지 말고 밀어붙여야 하는데, 그 밀어붙이는 원동력이 바로 끝까지 참고 견디는 학인의 분심이다. 그 분심을 일으키게 하기 위해 눈 밝은 선지식은 때로는 죽비로 때리거나, 고함을 지르거나, 아니면 피눈물이 나도록 염장을 질러준다. 피차간에 이렇게 마음을 써야 하는데, 처음 화두 참구하는 학인이 어떻게 거문고 줄이나 고르고 앉아 있을 수가 있겠나? 거문고 줄이 터지든지 말든지, 생명을 돌아보지 않고 답 찾는 데 몰두해야 한다.

따라서 "거문고 줄 고르듯이 해라!" 하는 말에는 크나큰 함정이 깃들어 있다. 그 말이 틀린 말은 아니다. 나중에 그럴 때가 온다. 실질적인 공부 인연에 나아간 초심자가 '거문고 줄 고르듯이 하라'는 말에 끄달려 시동조차 걸지 않고 있다면 크게 어리석은 짓이다. 화두 들고 의심하는 사람이 처음부터 거문고 줄 고르듯이 공부하다 보면, 밋밋한 데 빠져서 헤어나지 못한다. 물 온도가 100도로 한번 끓어넘치게 해야 하는데, 거문고 줄 고르듯이 공부하고 있다면 미지근하기만 해서 좋은 결과가 나올 리 없다.

물이 확 끓어넘친 뒤에 한 고비가 넘어가면서 맑고 고요하고 깨끗한 상태가 오면, 그때서야 고요히 비춰보면서 비로소 거문고 줄을 고르는 입장을 취해야 된다. 화두 들고 의심할 적에, "거문고 줄 고르듯이 해라!" 하는 것은 정중동靜中動의 공부 인연에 나아갔을 때에나 해당되는 말이다. 완벽하게 팽이가 돌 때의 모습처럼, 화두를 들고 있는지 안 들고 있는지조차 모르는 경지에 들어갔을 때 비로소 그런 말이 해당된다.

그럼에도 불구하고 처음 화두 든 사람이 "거문고 줄 고르듯이 해라!"는 말을 듣고 그대로 흉내를 내면, 아예 공부가 시작도 되지 않을 것이다. 이런 데 빠진 학인이 실제로는 의외로 많다. 그렇기 때문에 혼침과 산란을 극복할 수 없는 것이다.

처음 시작할 땐, 거문고 줄이 끊어지든지 말든지 온몸이 무너지든지 말든지, 생사를 도외시하고 밀어붙여야 겨우 화두 일념의 상태에 들어갈 수 있다. 그 일념一念 상태가 흔들리지 않을 정도로 굳어져 이제는 굳이 화두를 들려 하지 않아도 들릴 정도가 된 학인이라야, 비로소 이제부터는 "거문고 줄 고르듯이 해라!" 하고 가닥을 잡아 말해준다.

이 모든 것이 선지식의 안목에 달려 있다. 바른 신심을 갖춘 사람이라야 선지식의 혹독한 단련이 가해지고, 그러면 치솟는 분심이 의기에 의기를 더해주어 마침내 은산철벽을 깨트리는 시절인연이 도래할 것이다.

4. 첫걸음에 활구의심이 들려야 한다

실참 공부가 되게끔 하는 첫 단추가 무엇인가? 화두의심이다. 화두는 그 자체가 의심이다. 살아있는 화두 즉 활구의심이 잡들어져야 공부가 시작된다. 그렇지 않으면 모든 것이 다 헛수고다.

공부의 첫걸음에, '화두의심이 잘 잡들어졌는지, 그렇지 않은지'부터 반드시 선지식에게 점검받아야 한다. 첫 발을 바른 방향으로 정확하게 내디뎌야만 한다. 의심하지 않고서는, 깨달을 기약이 없다. 깨닫기 위해서는 본참공안 상에 나아가서 의심을 잡들어야 한다. 이렇게 잡들은 화두의심을 해결하기 위해 애쓰지 않으면 안 된다. 이것이 활구活句다.

몽산덕이蒙山德異(1231~1308) 선사는 이렇게 말했다.

> 화두 공부에 의심이 끊어지지 않아야 참 의심이라 할 수 있다. 만약 잠깐 의심하다가 다시 의심하지 않으면, 이는 진심으로 의심하는 것이 아니라 억지로 지어낸 것에 지나지 않는다. 그러므로 혼침과 산란이 다 마음에 들어오게 된다.
>
> 《몽산법어蒙山法語》

이렇게 반드시 활구를 들고 참구해야, 생사심을 타파할 수 있게 된다. 예부터 크게 의심하면 크게 깨닫고, 작게 의심하면 작게 깨달으며, 의심하지 않으면 아예 깨닫지 못한다고 말했다. 예나 지금이나 모든 선지식들은 핵심적인 하나의 근본의심을 해결함으로써 일대사인연을 마쳤다. 대혜종고 선사는 이렇게 말했다.

> 의심은 믿음으로써 본체로 삼고, 깨달음은 의심으로써 작용을 삼는 줄 알아야 한다. 믿음이 십분十分(100%)이면 의심이 십분이고, 의심

이 십분이면 깨달음이 십분이다. 비유하건대 물이 불어나면 배가 높아지고, 진흙이 많아지면 불상이 커지는 것과 같다. 서천과 이 땅에 고금의 선지식들이 이 광명을 비추되 다만 하나의 의심을 해결하지 않음이 없었다.

《서장》

이 '참 의심'을 어떻게 하면 들 수 있을까? 학인이 선지식을 친견할 때, 선지식은 1,700 공안 가운데 하나를 들어 제시한다. 선지식이 제시한 공안을 인연해서 실제로 의심이 생기면, 그 공안은 학인에게 '화두話頭'가 된다. 화두의 낙처를 알면 의심할 필요가 없다. 하지만 모르면 정말 답답한 노릇이다. 분명히 답이 빤히 있긴 있는데, 도무지 종잡을 수가 없다. 찾으려고 하면 할수록 더욱 멀어지는 것 같으니 답답해진다. 이렇게 답답해져야 의심이 익어간다. 만일 의심이 생기지 않는데도 공안만 들고 억지로 의심을 지어가면, 그것은 활구가 되지 않은 사구에 불과하다.

활구活句란 화두 상에서 의심이 끊어지지 않는 것을 말한다. 만일 의심이 들리는 것 같다가도 도로 풀어져 버리면, 이것은 성급한 육단심肉團心• 으로 의심을 지어낸 것이다. 화두 상에 진실로 의심이 생

• 원래 뜻은 심장인데, 선가에서는 욕심을 앞세워 우격다짐으로 밀어붙여 수행하는 어리석은 마음을 육단심이라고 부른다.

겨서 성성하게 들리면, 잠이 달아나고 산란심도 사라진다.

처음부터 화두 공부를 잘못했거나, 활구를 들지 못했거나, 제대로 된 화두를 들었어도 억지로 의심을 일으킨다면 화두 힘이 약해질 수밖에 없다. 그러면 혼침에 떨어지거나 산란심이 일어나서, 공부를 방해하게 된다. 한번 돈발 되면 행주좌와 어묵동정 중에 끊어지지 않고 지속되는 활구가 참 의심이다. 고봉원묘 선사는 이렇게 말했다.

> 만일 이 일을 말하자면 다만 본인이 적실히 간절한 마음이 있어야 한다. 간절한 마음이 있기만 하면 곧 참 의심이 생길 것이다. 참 의심이 생길 때, 점차漸次에 속하지 않고 당장에 번뇌가 끊어지고 혼침과 산란이 모두 제거되어 한 생각도 나지 않고 앞뒤가 끊어지게 될 것이다.
>
> 《선요》

선지식을 믿고 공안을 타파하려는 의지 속에는 화두의심이 꼭 있어야 된다. 화두가 한 번 들리면 그대로 계속 이어져야 한다. 따라서 선지식은 학인이 꼼꼼하게 화두를 챙기며 의심이 일어날 수밖에 없도록 채찍질을 해줘야 한다. 발심과 의지가 약한 학인에게는 선지식이 화두를 걸어주고 계속해서 압박을 가해서 활구를 들 수 있도록 만드는 것이 간화선의 탁월한 방편이다.

비유하면, 이 일은 빠르게 흐르는 물 위에서 공놀이를 하는 것과 같다. 공이 물살에 밀려오면 떠내려가지 않도록 계속해서 밀어 올려야 하기 때문에, 지금 그 자리에서 놓치지 않도록 최선을 다해야 한다.

알려고 하는 의지 속에서 살펴진, 뭐라고 설명할 수 없는 갑갑한 기운을 제대로 이어가려면, 처음부터 끝까지 계속 답답해서 어떻게 해보려 해도 해볼 수 없는 그런 경계 속에 들어가야 된다. 온갖 혼침과 산란, 역경계逆境界• 와 순경계順境界••가 닥쳐오는 속에서 최선을 다해서 의심을 지속해 나가야 한다. 수없는 방해가 이런저런 모습으로 나타난다 할지라도 화두만은 끝까지 놓치지 않도록 유의해야 한다. 화두를 놓칠 것만 같은 엄청난 경계가 몰려올 때에도, 최선을 다해서 화두를 붙잡아야 한다. 그러다 보면 의심이 점차 익어져서, 마침내 되돌아 갈 수 없는 단계에 이르게 될 것이다.

이를 악물고 화두를 놓치지 않게끔 최선을 다한 그때부터는 화두를 들려고 하지 않아도 저절로 들려지기 때문에 내려놓을 수도 없고 화두의심이 없어지지 않게 된다. 이 상태를 의정疑情이라고 한다.

의심이 의정으로 익어가는 길에서 초심자는 수행 초기에는 세게 발동을 걸어서, 엔진을 점화시켜야 한다. 그래야 비로소 활구화두

• 수행 중에 나타나는 힘들고 어려운 고비. 물을 거슬러 올라가는 것 같이 힘들다.

•• 수행 중에 만나는 순조로운 상태. 물살을 타고 내려가는 것처럼 편안하다. 화두 참구 시에는 이때에 화두가 도망간 것처럼 느껴지기 쉬우므로 더욱 조심해야 한다.

가 작동되기 시작한다. 시동이 걸리지도 않은 채, 의심 안 되는 것을 쥐어짜서 의심하려고 하는 것은 어리석기 짝이 없는 짓이다. 실제로 선방에서 이러고 앉아 있는 사람들이 의외로 많다. 그러므로 화두의심을 어떻게 해야 하는지에 대한 올바른 견해를 가져야 한다. 그렇지 않고서는, 늘 사구만 들고 앉아 있는 구태의연한 모습에서 벗어나기가 어렵다.

처음 공부하는 사람은 올바른 견해가 어떤 것인지를 잘 알 수가 없다. 그래서 시간 낭비하지 않고 공부할 수 있도록 안내해줄 선지식을 만나지 못하면, 이 공부는 어려워질 수밖에 없다고 한 것이다.

초심자는 잘못된 공부방법인 줄도 모르고 억지로 화두를 들려고 하는 어리석음에서 벗어나야 한다. '의심이 됐나? 안 됐나?' 이게 가장 요긴한 일이다. 의심이 안 되는 것을 가지고 억지로 의심한다든지, 착각 속에서 죽은 화두를 계속 들고 있는 것은 금물이다. 진짜 의심이 되면, 의심하려고 하지 않아도 의심이 이어진다. 그런 상태에서 물러서지 않고 앞으로 계속 나아가면, 의심이 커지면서 더 이상 나아갈 수 없는 벽에 부딪친다.

그러므로 처음부터 '화두에 걸렸느냐? 걸리지 않았느냐?' 또는 '의심이 생겼느냐? 생기지 않았느냐?' 이것은 중요한 문제이다. 활구 참구는 인과가 분명해서, 이 문제에 스스로 정직하지 않으면 공부의 열매를 맺을 수 없다.

간화선의 핵심은 의심疑心인 바, 이것을 놓치면 모든 일이 수포로 돌아간다. 앉아서 방석을 백 개나 구멍 냈다고 한들, 참 의심이 생기지 않고서야 무슨 소용이 있겠는가?

의심이라 하는 것이 무엇인가? 인연 따라 앞뒤가 꽉 막혀서 어떻게 해볼 수 없는 그런 답답함이다. 그런 참 의심 속에 나아가서 시간 보낼 수 있어야 합당한 결과를 나툰다.

화두를 사탕처럼 물고서 하는 염화두念話頭를 하고 있는 사람은 자기가 하고 있는 것이 공부인 줄 알고 천년만년 앉아 있지만, 사실은 한 번 잡들어서 짧은 시간 안에 끝낼 수 있어야 참 의심이라고 할 수 있다. 실제로 의심다운 의심을 할 수 있는 그런 인연에 나아가서 온몸으로 부딪쳐 한 번에 끝장을 봐야 된다. 그렇게 해야만 돈오頓悟할 수 있는 기회가 제공된다. 그렇지 않으면 앉아서 의심한답시고 한량없이 시간만 낭비하는 어리석은 짓을 하게 된다.

제대로 된 공부 인연과 만났다면, 왜 공부가 안 되겠는가? 가르치는 사람이나 배우는 사람이나 피차 요점을 모르니 세월만 흘러간다. 가르치는 사람이 방법을 일러줄 수 없다면, 배우려고 하는 사람이 무슨 수로 해내겠는가? 피차간에 모르는 것을 무조건 죽자사자 앉아 버틴다면, 공부하려고 하는 용기와 의지는 가상하지만 결과가 좋을 수는 없다. 설사 천년만년 노력한다 하더라도, 안 되는 것은 안 되는 것이다. 제대로 된 공부를 해도 부족할 판인데, 안 될 수밖에 없는 공부 인연을 붙들고 고집을 부린다면 좋은 결과가 나올 수 있겠는가?

첫걸음부터 활구의심을 잡들지 못하면, 간화선 공부는 실패할 수밖에 없다.

3

화두

1

화두란 무엇인가

1. 화두는 공안에서 비롯된 의심이다

화두話頭란 우리가 본래 가지고 있는 성품을 직접 가리킨 말이다. 화두를 참구하는 것이 '간화선看話禪'이고, 깨달음을 얻을 수 있는 가장 수승한 방법이다. 명안종사들이 간화선 수행법을 발견해낸 것은 인류에게 구원의 길이 열린 것이며 큰 축복이라 하겠다.

화두가 가리키는 진리 당처를 언하言下에 바로 깨달으면 너무나 좋겠지만, 그렇게 되지 못할 때는 의심이 일어난다. 깨닫지 못한 사람에게 화두는 곧 의심인 바, 참선 공부에서 가장 중요한 것은 화두의심이 아주 성성惺惺하게 들려야 한다는 점이다. 그런데 초심자가 처음부터 화두의심을 또렷이 일으키기란 쉽지가 않다.

학인은 선지식이 제시하는 공안을 자세히 살펴서 화두의심을 잡들어야 한다. 그렇게 화두의심이 일어나면, 그것을 면밀히 지어나가야 한다. 몽산덕이 선사는 이렇게 말했다.

> 참구를 하려면 공들여서 오직 자신의 본분을 의지하고 법답게 해야 한다. 반드시 본참공안本參公案•으로 의심해야 하며, 그렇게 하면 큰 의심 끝에 반드시 큰 깨달음이 있을 것이다. 온갖 의심을 본참공안 하나로 묶어서 공부를 해야 한다.
> 만약 언구를 의심하지 않는다면 큰 병폐가 된다. 그러므로 늘 잡다한 인연을 버리고, 하루 24시간 행주좌와 가운데 오직 화두를 들고 생각을 돌이켜 스스로 비추어 보아야 한다.
>
> 《몽산법어》

안목 있는 선지식이 인연 있는 학인으로 하여금 자성을 요달了達하도록 시설한 장치가 간화선이다. 바른 화두의심을 일으키게 해서 마침내 그 의심이 타파되도록 이끌어주는 것이다. 그렇기 때문에 화두의심이 일어날 수 있도록 장치된 공안은 누구나 시설할 수 있는 것이 아니다.

선지식은 학인이 간절한 마음으로 법을 물어올 때, 역대 조사들의 깨달음의 기연을 담은 1,700 공안 중의 하나를 제시한다. 선지식이 제시하는 공안을 듣고 학인은 그 자리에서 바로 깨닫든지, 그

• 1,700 공안 중에서 선지식이 학인을 위해 선택하여 인연 지어준 공안.

렇지 않으면 그 내용을 의심하게 된다. 이때 선지식이 제시한 공안을 통해 의심이 잡들어지게 되는데, 이렇게 '공안에서 의심이 일어나야' 비로소 화두 공부가 시작된다. 의심하지 않으면 안 되게끔 장치된 공안이 '활구活句'가 되어 처음부터 성성하게 잡들어지지 않으면 안 된다.

참선하는 사람에게 가장 요긴한 것은, '활구를 들고 의심하는가?' 즉 '화두가 제대로 살펴져서 의심이 활발하게 잡들어졌는가?' 하는 점이다. 이것은 아무리 강조해도 지나치지 않다. 화두 참구는 첫 단추부터 제대로 끼워야, 이후의 일이 순조롭게 진행될 수 있기 때문이다.

만일 의심이 일어나지 않고 공안만 외우고 있으면 그것은 사구死句가 되어서, 스스로는 물론 다른 이들을 제도할 수 없다. 평생 공부를 해도 공功을 이룰 수가 없다. 대혜종고 선사는 이렇게 말했다.

> 천 가지 의심, 만 가지 의심이 다만 하나의 의심이다. 화두 위에서 의심이 타파되면, 천만 가지 의심이 일시에 타파될 것이다. 화두를 타파하지 못하면 계속 화두 위에서 겨루어 나가라.
> 만약 화두를 버리고 도리어 별도의 문자 위에서 의심을 일으키거나, 경전의 가르침 위에서 의심을 일으키거나, 고인의 다른 공안公案 위에서 의심을 일으키거나, 일상의 번뇌 가운데 의심을 일으키면 이것은 다 삿된 마군의 무리다.
>
> 《서장》

공안을 듣는 순간, 그 내용에 의문이 생겨 바로 화두가 잡들어져야 한다. 마치 독한 개가 한 번 물면 이빨이 빠지든 목이 끊어지든 놓치지 않는 것처럼, 끈질기게 화두의심을 지어나가야 한다.

한번 의심이 돈발頓發(문득 떠오름) 하면, 그 의심을 머리로 헤아려서는 전혀 도움이 되지 않는다. 오직 온몸으로 부딪혀 나갈 수밖에 없다. 역대 조사들이 시설해놓은 이 관문은 어떤 생각을 통해 뚫어지는 것이 아니다. 그렇다고 아주 무심한 자리에 나아가 공부한다고 해서 열리는 것도 아니다.

고봉원묘 선사는 이렇게 말했다.

> 당장 큰 신심을 갖추며, 당장 변하여 달라지는 마음이 없게 하며, 당장 만길 높은 절벽에 서 있는 것과 같이 하며, 당장 본에 의지하여 고양이를 그려가야 한다. 그려오고 그려감에 귀를 그리고 털의 무늬를 넣는 것과 심식의 길이 끊어진 곳과 사람과 경계가 모두 없어지는 곳에 이르면 붓 끝에서 갑자기 살아 있는 고양이가 튀어나올 것이다. 와! 원래 모든 대지가 곧 선불장이며, 모든 대지가 곧 자기이다.
>
> 《선요》

화두는 '고양이 본本'과 같아서 그것 위에 얇은 종이를 놓고 자꾸 그려나가면, 언젠가 산고양이가 튀어나오게 된다. '고양이 본'인 활구의심이 잡들어져서 일단 화두 길에 분명히 들어섰다면, 결정된 깨달음으로 나아갈 수밖에 없는 공부 인연에 맞아 떨어진 것이다.

최선을 다해서 끝까지 밀어붙일 수 있는 신심信心이라면, 뚫지 못할 관문은 없다.

학인은 의심이 잡들어졌다 싶으면, 그것에 집중해서 공부가 더 깊숙이 온몸과 한 덩어리가 되도록 밀고 나가야 한다. 이와 같을 때 선지식이 더욱 채찍을 가해주어 화두의심과 완벽하게 한 덩어리가 되도록 호법을 서준다.

2. 활구는 조사관을 뚫는다

눈 밝은 선지식이 믿음을 낸 학인에게 근본문제를 제시해서 그 자리에서 돈오케 하든지, 아니면 그것을 의심케 해서 타파할 수 있도록 시설한 관문이 '조사관祖師關'이다.

화두話頭는 곧 '조사가 세운 관문'이다. 선지식의 일거수일투족은 바로 깨달음과 직결되어 있기 때문에, 공부하려는 학인들은 깊이 믿고 간절히 받들어야 한다.

고봉원묘 선사는 이렇게 말했다.

> 옛사람이 말하기를 '만일 생사를 해탈하려면 조사관을 뚫어야 한다' 하였으니, 필경에 무엇이 관문인가?
>
> 《선요》

견성하는 지름길은 곧 화두를 타파하는 것이므로, 화두야말로 깨달을 수 있는 관문이다. 학인은 화두의심을 통해서 관문을 돌파해야 한다. 선지식은 학인이 물어오면 은산철벽의 관문을 시설해놓고 그것을 뚫으라고 독촉한다. 몽산덕이 선사는 이렇게 말했다.

> 참선은 모름지기 조사관을 뚫어야 하며, 묘한 깨달음은 반드시 마음길[心路(심로)]이 끊어져야 한다. 조사관을 뚫지 못하고 심로가 끊어지지 않았다면, 모두 다 풀에 의지하고 나무에 붙어사는 정령일 뿐이다.
>
> 《몽산법어》

이 조사관을 뚫으려면 뜻으로든 말로든, 마음길이 끊어지는 인연에 닿지 않으면 안 된다. 교학을 의지해서 배웠다 하더라도, 깨달음을 구하지 않고서는 업을 녹여 해탈할 수 있는 인연이 열릴 수 없다.

자기 안에 탐·진·치 삼독이 있다는 것을 아는 것과 그것을 뽑아버릴 수 있는 힘을 가지는 것은 전혀 다르다. 조사관을 타파하려면 '교학을 넘어서 참선 수행을 해야[捨教入禪(사교입선)]' 비로소 생사를 넘어서는 힘을 얻을 수가 있다. 알 수 없는 한마디 의심은 사량분별의 번뇌 망상을 태우고, 생사심의 끝없는 윤회를 단칼에 잘라낸다. 그래서 활구의심을 일컬어 '온갖 생각을 녹이는 용광로'라 한다.

온몸으로 부닥쳐 조사관을 한번 뚫어내지 않고서는 생사 이쪽의 일일 뿐이며, 생사를 넘어선 피안의 일은 꿈에도 알 수 없다. 그렇기 때문에 이 관문이 생사일대사를 해결하는 지름길이다. 조사관을 뚫는 일은 다른 사람이 대신해줄 수가 없다. 스스로 해결하지 않고서는 다른 방도가 없다. 눈앞에 가로막혀 있는 정신적인 장벽을 타파하려면, 혼신의 힘을 다해서 온몸을 던져야 한다.

앞뒤가 꽉 막힌 '문 없는 문'을 뚫으려면 혼자서는 도저히 해결할 가망이 없다. 학인을 인도해줄 수 있는 근거를 가진 눈 밝은 선지식을 만나서, 그 가르침에 따라 공부하지 않으면 안 된다.

조사관을 뚫어야만, 실상實相을 볼 수가 있다.

2

간절한 마음만이 정신의 벽을 뚫는다

1. 머리에 불붙은 것처럼 공부하라

우리의 삶은 마치 감옥 속의 사형수와 같으므로, 살길을 찾아 나서지 않으면 안 된다. 자유를 얻으려면, 사람 몸 받아야 되고, 부처님 법 만나야 되고, 선지식을 만나야 된다. 막상 그 인연이 열려서 화두 들고 공부할 수 있을 때, 우리의 입장이 간절하지 않다면 밤낮 쳇바퀴 돌 듯 반복되는 인연법에서 벗어날 수 없다.

대혜종고 선사는 이렇게 말했다.

> 반드시 결정적인 믿음과 결정적인 뜻을 갖추어서 순간순간마다 머리에 붙은 불을 끄듯이 하라.
>
> 《서장》

간절함은 '저 분을 의지해서 공부하면 뭔가 터득할 수 있겠다' 하는 믿음에서 더 크게 일어난다. 믿음이 크면 화두의심도 간절해져서, 이루지 못할 공부가 없게 된다.

그 간절 절切 자, 이 한마디가 참선하는 데에는 가장 요긴한 말이다. 박산무이 선사는 이렇게 말했다.

> 참선하는 데에는 '간절함'이라는 한마디가 가장 요긴하다. 만일 공부에 마음이 간절하면 방일할 겨를이 있겠는가. 간절하다는 이 한마디만 알면, 옛 스님들의 경지에 이르지 못한다고 근심하지 않아도 된다. (…)
>
> 간절하다는 이 한마디가 어찌 허물만 멀리할 뿐이겠는가? 당장 선악과 무기無記를 뛰어넘을 수 있다. 무슨 뜻인가? 화두 하나에 온통 간절하게 마음을 쏟으면, 선도 생각하지 않게 되고 악도 생각하지 않게 된다. 또한 간절한 마음 때문에 무기에 떨어지지도 않는다.
>
> 화두를 간절히 참구하면 산란과 혼침이 없어진다. 화두가 눈앞에 나타나면 무기에 떨어지지도 않는다. 그러므로 간절하다는 이 한마디가 가장 친절한 말이다.
>
> 《참선경어》

화두가 간절하면 들떠서 일어나는 잡념도 없어지고, 졸음도 오지 않으며, 멍하니 고요하기만 한 무기에도 떨어지지 않는다. 그러므로 '간절함'이 공부하는 데 있어 가장 친절하면서도 중요한 말이다. 간절하게 마음을 쓰면, 틈이 없어져서 마군이 들어오지 못한다.

진정으로 화두 들고 의심하는데도 화두가 들려지지 않고 시간만 낭비하는 것은, 간절함이 부족하기 때문이다. 온전하게 화두가 들려져서 화두 일념 속에서 오고갈 수 있는 근거를 가지려면, 먼저 꼭 공부를 마쳐야겠다는 절실함이 가득해야 한다. 이럴 때 화두의심은 일념이 만 년 되도록 이어져서, 결정코 화두를 타파할 수 있는 인연이 형성된다.

스스로 간절하면, 선지식이 옆에서 지켜보다가 인연 따라서 더욱 촉발시켜 줄 것이다. 처음부터 화두의심이 돈발하도록 걸어주고 나아가 그 의심이 익어가도록 매정하게 내지르고 때려주는 인연을 만날 수 있다면, 그 호법에 힘입어서 공부하지 못할 사람이 없을 것이다. 이와 같은 자비는 스스로 간절한 사람에게만 주어지는 복이다.

고봉원묘 선사는 이렇게 말했다.

> 오음산 가운데 마군은 강하고 법은 약해서 싸워 이기지 못하면, 헤아리지 말고 보검을 들어서 사느냐 죽느냐를 묻지 말라. 몸을 돌보지 말고 분발해서 별이 날고 불이 흩어지듯 맹렬히 하라.
>
> 《선요》

근본 실상을 자각하겠다는 결심이 섰으면, 일체 모든 것을 돌아보면 안 된다. 고인들은 '머리에 불붙은 듯이[如求頭燃(여구두연)]' 공부하라고 했다. 참선은 머리에 활활 타는 화로를 이고 있는 것처럼 공부하지 않으면 안 된다. 생사 문제가 급하고 급하기 때문이다. 그런데 분명하고 빠른 이 길을 두고서, 괜히 엉뚱할 길에서 헤매며 시간 낭비한다면 참으로 안타까운 일이 아닐 수 없다. 이 공부를 한번 해보겠다는 원을 세웠다면, 바로 단도직입해서 제대로 공부할 수 있는 계기를 만들어야 한다.

간절히 찾으면 반드시 인연이 열릴 것이다.

2. 천군만마 속에 쳐들어간 장수처럼

화두의심이 간절해지기 시작하면, 화두를 들려고 하지 않아도 들려지고, 놓으려고 해도 놓아지지 않게 된다. 나아가 온몸과 마음이 '하나로 뭉치는[打成一片(타성일편)]'을 경험하게 된다. 돌이켜보면 간절 절切 자 한마디가 그렇게 만들었다고 할 수 있다.

그런데 의지만 가지고 '간절하게 해야지!' 하고 밀어붙이면 육단심肉團心만 일어날 뿐이다. 억지로는 아무리 해도 활구의심이 잡들어질 리가 없다. 진정으로 답을 알고 싶은 마음이 간절해야만 활구의심이 잡들어진다. 억지로 하면 괜히 상기上氣만 생기게 된다. 그러므로 혼자서 억지로 하지 말고 눈 밝은 선지식을 찾는 것이 현명한 일이다.

간절해지기만 하면, 잡념이 들어오고 싶어도 들어올 수가 없다. 또 안에서 마장이 일어나더라도 문제 삼을 것이 없다. 활구의심活句疑心이 이와 같은 모든 것을 다 물리치고 이겨내게 해준다.

어느 정도 간절해야 되는가? 천군만마千軍萬馬 속에 단기필마單騎匹馬로 쳐들어간 장수가 일 대 천, 일 대 만을 상대로 싸울 때 다른 생각할 틈이 없는 것과 같아야 된다. 창칼이 전후좌우로 막 날아오는데, '도대체 어떻게 싸워야 하나?' 하고 생각한다면 벌써 화두를 놓친 것이다. 이렇듯이 활구화두는 들자마자 앞뒤의 생각이 딱 끊어져야 한다.

박산무이 선사는 이렇게 말했다.

> 화두를 들고 공부하는 납자는 쥐를 잡으려는 고양이처럼 분명하고 또렷하게 깨어 있어야 한다. 옛사람도 '적군의 목을 베지 않고는 맹세코 쉬지 않겠다'고 말씀하셨다. 그렇지 않으면 망상의 도깨비굴 속에 들어앉게 되어 어둡고 깜깜한 채로 일생을 다 보내고 말 것이니, 참선을 한들 무슨 소용이 있겠는가. (…)
>
> 옛 큰스님께서도 '마치 한 사람이 적병 만 명과 싸우듯 해야 하니 한눈을 팔 겨를이 있겠는가'라고 하셨다. 이것은 공부에 가장 요긴한 말이니 반드시 유념해야 한다.
>
> 《참선경어》

크고 작은 상처를 무수히 입었다 하더라도, 상처를 돌아볼 겨를도 없을 정도로 정신없이 싸워야 한다. 만약 이렇게 화두의심이 들려진다면, 분명히 그 끝을 볼 수 있는 힘이 생길 것이다.

본인 스스로가 믿음을 내고 이것을 꼭 해결해야겠다고 하는 간절한 의지가 크게 작용하는 그 위에, 선지식의 호법이 더해진다면 시절인연 따라서 가능하다. 그렇지 않다면, 이 공부는 결코 쉽지 않다.

여기서 한 가지 다행인 사실이 있다. 아무리 상처를 입을지라도 활구화두가 주인공을 꼭 지켜주기 때문에, 화두만 놓치지 않는다면 공부는 계속해서 나아가게 된다. 마치 꿈속에서 여러 번 죽더라도 깨고 보면 그대로 살아 있는 것과 같다. 공부인이라면 화두를 의지해 시절인연이 도래할 때까지 절대로 물러서지 말아야 한다.

고봉원묘 선사는 이렇게 말했다.

> 문득 손을 쓸 수 없는 곳과 마음 씀이 미칠 수 없는 때에 나아가, 마치 관우가 백만 대군 속에서 사느냐 죽느냐를 돌아보지 않고 안량을 베듯 하리라.
>
> 《선요》

화두 의지에 사무치면, 밖으로 어떤 경계가 일어나도 흔들리지 않게 된다. 활구화두가 간절해지면 공부상의 모든 병통을 없앨 뿐만 아니라, 알 수 없는 힘도 가지게 된다. 그러므로 간절 '절切' 자 하나를 이마에 붙여놓고, 이 문제가 해결되기 전까지는 물러서지 않겠다는 각오로 생사 문제와 대적하지 않으면 안 된다.

이 공부를 위해 어떤 어려움도 감내할 수 있는 수행자라면, 선지식이 함께 시간을 보내면서 인연을 열어주기 위해 힘을 보탠다. 자비로운 분일수록, 더 깊은 구덩이에다 밀어넣고 공부되지 않을 수 없게끔 담금질을 계속해줄 것이다. 불조의 말씀을 믿고 의지하여 간절히 수행하는 인연을 놓치지 않는다면 반드시 깨달음을 얻게 될 것이다.

화두를 들자마자 앞뒤 생각이 끊어져 꽉 막혀야 비로소 활구가 시작되었다고 할 수 있다. 여기서 한 생각이라도 일으켜 '어떻게 해야 하나?' 하면 벌써 그르친 것이다. 시작하자마자 진검승부에 전력투구해야만 한다.

3

화두 참구는 빠른 시간 내에

이 공부는 독종이 아니면 해내기가 힘들다. 또 가르치는 사람 역시 독해야 된다. 믿고 들어온 사람도 당연히 독하겠지만, 가르치는 사람은 그보다 더 독해야 한다.

선지식은 믿음을 낸 학인에게 쇠채찍을 내리친다. 거기에 가시까지 박아 뼛속까지 아프게 후려침으로써, 그 아픔이 무엇으로부터 비롯되는지를 알 수 있도록 한다.

화두는 일주일, 아무리 길어도 한철 이내로 기한을 딱 정해놓고 맹렬하게 잡들어서 끝마쳐야 한다. 화두를 놓치지 않고 계속해서 들고 있는 것을 공부 잘 하고 있는 것처럼 착각하는 것은 크나큰 오해이다.

화두를 떠올려 유지하려고 한다면, 그것은 이미 '생각'이지 '생각이 끊어진 자리'가 아니다. 전자는 사구이고, 후자라야 활구다. 이렇게 사구를 들고 한 철 두 철 보내면서 간화선이라고 착각하면, 그런 수행으로는 아무것도 얻을 수 없다. 간화선은 정해진 짧은 기간 내에 화두를 타파해야 한다. 만일 수행이랍시고 그저 허망하게 앉아서 시간만 보낸다면, 그것이 어찌 역대 조사들께서 일러주신 경절문이라고 할 수 있겠는가?

그러므로 눈 밝은 스승을 의지해서 활구화두를 들었을 때, 비로소 바른 공부를 한다고 할 수 있다. 이렇게 되면 정진하는 데 따라서, 쉽고 빨리 칠통漆桶 같은 무명을 타파할 수 있다. 이렇듯 정신적인 벽을 허물고 나아갈 수 있는 힘을 얻어야, 비로소 간화선을 말할 수가 있을 것이다. 이와 같은 벽이 있는지 없는지조차 모르거나, 아니면 설사 벽이 있는 줄 알아도 무너뜨리지 못하고 그 앞에서 마냥 시간만 보낸다면, 그것을 어떻게 화두 공부한다고 할 수 있겠는가?

화두는 '짧고, 빠르게, 확!' 한 번에 들어서 타파할 수 있어야 한다. "좌복 위에서 끝까지 화두 놓치지 마라" 이렇게 말하는 까닭은 활구만 들리면 짧은 시간 내에 화두를 타파할 수 있기 때문이다.

그런데 일각에서는 10년, 20년 화두 들어도 의심을 깨트리지 못하면서, "다음 생까지 화두를 계속 들고 가라"고 말한다. 발심한 학인으로서 이런 말에 속으면 공부를 그르치고 말 것이니 조심해야 한다. 그런 주장은 화두의 원리도 모르면서 그저 화두를 금과옥조로 떠받들기만 하는 어리석음에서 비롯된 오해일 뿐이다. 화두는 짧고 빨리 들수록 좋은 것이지, 길게 오래 드는 것으로 알고 있다면 그것은 간화선의 요지를 모르는 것이다.

화두는 빨리 깨닫도록 장치된 수단이다. 그것을 질질 끌고다니면서 "화두 들고 의심하다 죽어야지, 다음 생에도 수행하는 모습으로 거듭난다"라고 가르치고 배우는 것은 참으로 허망한 짓이다.

그러면 단기간에 끝낼 수 있는 참 의심에 들어가려면 어떻게 화두를 들어야 하는가? 밥을 일주일씩 먹지 못하고 굶주린 사람이 오로지 밥만 찾듯이, 물을 일주일씩 못 마신 사람이 오로지 물만을 간절히 찾듯이 간절하게 들어야 한다.

그때는 머리로 '물, 밥'을 생각해서 생각하는 것이 아니라, 온몸이 그냥 배고픔과 목마름으로 꽉 차 있는 것이다. 배가 고파 저절로 헛것이 떠오를 때처럼 화두를 들어야 된다. 혼자서는 그렇게 잘 안 되니까, 그런 상태에 들어갈 원인을 제공받을 수 있는 공부 인연에 나아가라는 것이다. 그렇기 때문에 선지식의 도움을 받으면 간절한 인연이 쉽게 열린다. 화두의심을 마냥 육단심으로 끌고 가거나 아니면 억지로 의심하려고 애쓰는 것은 잘못된 방법이다.

고봉원묘 선사는 이렇게 말했다.

> 참선하는 데 만일 한정된 날짜에 공을 이루려면, 마치 천 길 우물에 빠졌을 때 아침부터 저녁까지, 저녁부터 아침까지, 밤이나 낮이나 천 생각 만 생각이 오로지 다만 우물에서 나오려는 마음뿐이고, 끝끝내 결코 다른 생각이 없는 것과 같이 하라.
>
> 진실로 이렇게 공부하기를 혹은 3일 혹은 5일 혹은 7일 하고도 깨

치지 못한다면, 나 서봉은 오늘 큰 망어妄語를 범했으므로 영원히 혀를 뽑아 밭을 가는 지옥에 떨어질 것이다.

《선요》

이렇게까지 장담하고 있는 고봉원묘 화상의 노파심을 헤아려봐야만 한다. 진정으로 관문을 뚫으려면, 천 길 우물 속에서 빠져나오는 것에만 몰두하는 것처럼 화두를 들어야 한다. 그렇게 화두의심이 밤낮으로 끊임없이 이어지는 것이 오직 우물 속에서 벗어나려고 갈구하는 그 일 외에는 일체를 도외시하는 것처럼 해야 한다는 말이다.

온몸으로 잡들어진 화두의심 속에서 오고가다 보면, 빠른 시간 내에 변화가 온다. 화두를 한번 붙잡으면 마냥 세월 보내고 있으면 안 된다. 만일 화두 들고 일주일을 넘겼으면, 선지식을 만나보고 새롭게 화두의심을 결택決擇하는 것이 좋다. 화두의심을 결택했으면, 용맹스러운 기운이 뿜어져 나와야 한다. 안팎으로 그저 딴 생각이 없이 한 덩어리가 되어, 단기간에 끝을 내듯이 해야 한다. 그렇지 않으면 진정한 화두의심이 아니다.

화두 공부를 하는데 시간이 오래 걸린다면, 틀림없이 활구가 아니라 사구를 들고 있는 것이다. 활구를 들고 의심하면 단기간 내에 화두가 타파된다. 근기는 수승한데도 공부가 잘 안 된다면, 다 까닭이 있는 것이다.

어떤 경계라도 물리치려고 하는 분기탱천한 용맹심으로 밀어붙이면서 활구 공부를 해도 부족할 판인데, 넋 나간 사람처럼 '무無' 혹은 '이뭣고'를 반복하면서 사구를 들고 마냥 앉아 있다면, 공부가 될 까닭이 있겠는가!

정확하게 화두 드는 법을 모른 채, 앉아서 아무리 애써보았자 아무런 진전이 없다. 따라서 어떻게 해야 활구화두를 들고 공부할 수 있는지에 대해서 먼저 착안해야 한다. 그런 올바른 입장을 확보하지 않으면, 사구를 아무리 오래 들었어도 간화선 공부하는 학인이라고 할 수 없다. 아무런 결과도 얻지 못하기 때문이다. 그래서 선지식이 중요하다고 강조하는 것이다.

확 밀고 들어가서 공부할 수 있게 만드는 활구를 들어야만 진짜 공부가 이루어진다. 화두話頭는 의심을 깨트리기 위해서 제시된 방편인데, 그 방편을 그렇게 오래 들고 있을 이유가 없다.

화두는 오래 든다고 장한 일이 아니다. 올바르게 들어서, 쉽고 빨리 타파하는 것이 진정 장한 일이다. 사구인 줄도 모르고 10년, 20년, 평생을 화두 들고 사는 것은 진정한 공부의 길이 아니다.

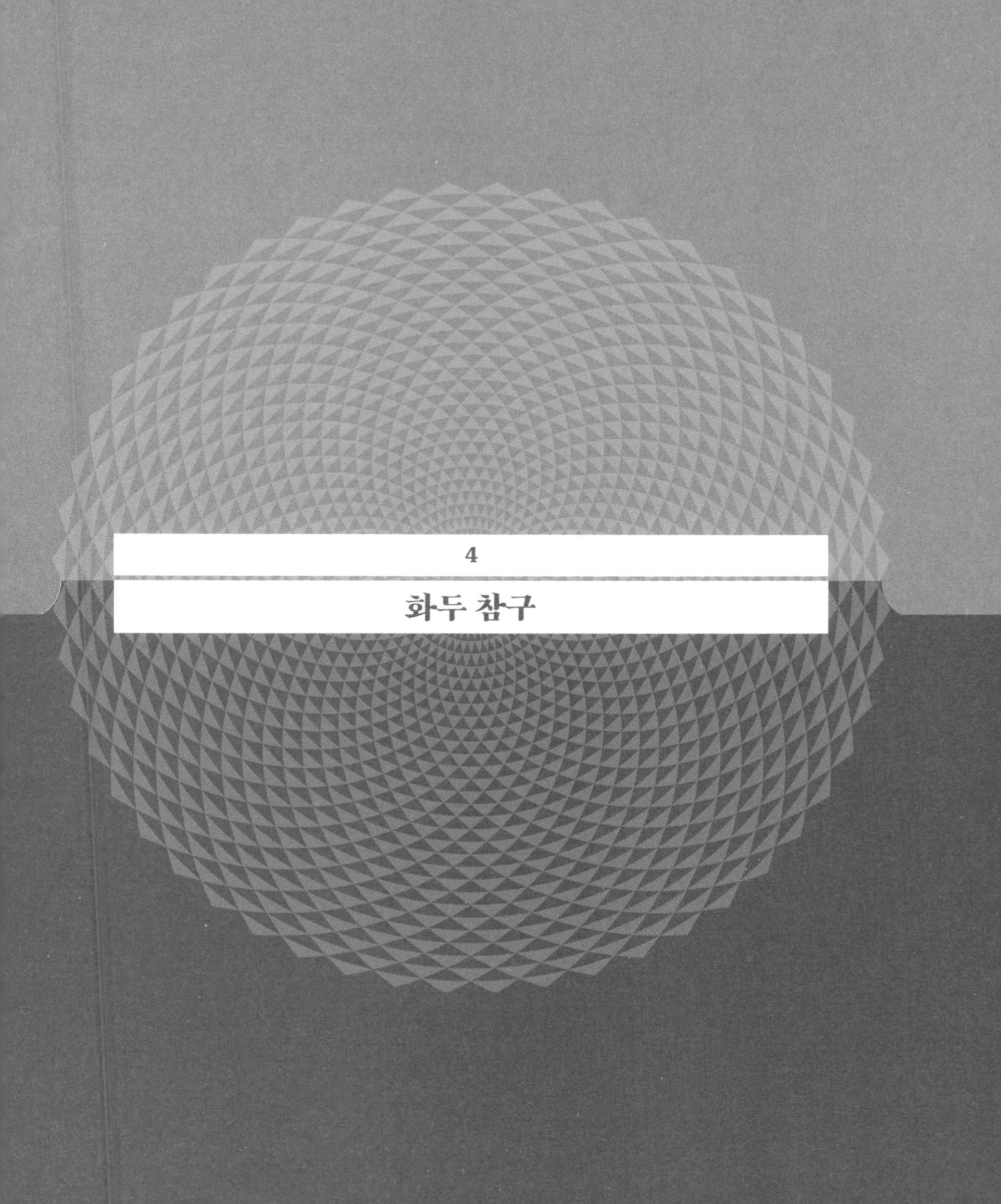

4

화두 참구

1

문제만 외우지 말고 답을 찾아라

1. 답을 찾다 보면 저절로 의심이 일어난다

눈앞에 있는 물건을 볼 때, 우리는 "눈이 본다"거나 "내가 본다" 또는 "마음이 본다"고 한다. 하지만 사실은 눈이 보는 것도, 내가 보는 것도, 마음이 보는 것도 아니다.

그렇다고 보지 않는 것도 아니다. 왜냐하면 눈이 본다고 하면, 눈뜨고 죽은 송장의 눈으로도 볼 수 있어야 할 것이기 때문이다. 그런데 눈이 보는 것이 아니기 때문에, 송장은 눈이 있어도 보지 못한다. 눈으로 하여금 보게 하는 '무엇'이 있기 때문에 사물을 볼 수 있다. 무엇이 있어 눈으로 하여금 보게 하는 것일까?

또한 마음이 보는 것도 아니며, 그렇다고 해서 마음이 보지 않는 것도 아니다. 흔히 '마음, 마음' 하지만, 우리는 마음이 무엇인지 정확하게 알지 못한다. 참으로 쉬운 것 같으면서도 어려운 것이 이 일이다.

그렇기 때문에 선지식은 학인으로 하여금 이 일에 대해 의심하게 했고, 의심 끝에 깨달음에 나아가게 한 것이다. 의심하고 의심해서 더 의심할 수 없는 곳에 나아가, 눈앞에 가로놓인 정신적인 벽을 무너트리게 되면 본연의 모습을 깨닫게 된다.

핵심은 그 의심을 어떻게 잡들이는가이다. 즉 학인으로 하여금 의심을 불러일으키게 하는 방법에 있다. 의심이 안 되는 것을 억지로 일으키게 하면 상기병에 걸리기 쉽다. 옛말에 '진정으로 활구의심이 잡들어지면 3일에서 7일'이라 했는데, 과연 어떻게 해야 이와 같은 공부를 할 수 있게 될까?

여기서 강조할 점은 '공안의 문제가 제시되었는데, 왜 답을 찾지 않느냐?'는 점이다. 앉아서 '어째서 무라 했을까?' 혹은 '이뭣고?'를 되풀이해서 외우고만 있으면 공부가 되질 않는다. 공안을 자꾸 되새김질만 해서는 진도가 나가지 않는다. 문제가 어려워서 이해가 되지 않는 게 아니다. 문제 그 자체는 누구라도 한 번 들으면 즉각 파악되는 간단한 것이다. 그러므로 문제는 한번 보고 듣고 느끼면 되지, 되풀이해서 문제를 외울 필요가 없다. 찾으라는 답을 찾지 않고 문제만 외우고 있으면, 화두에 의심이 일어나지 않는다.

가장 중요한 포인트는, 공안 상에서 한 번 보고 들었던 문제가 자꾸 떠오르고 어떤 생각이 일어나더라도, 내버려두고 오직 공안에서 묻는 '답'만을 찾는 것이다.

"공안에서 비롯된 의심이 화두다. 이 화두를 활구라고 한다. 활구가 들려지지 않으면 간화선이 아니다"라는 확고한 입장이 서야 한다. 들려고 하지 않아도 들려질 수밖에 없는 활구의심活句疑心을 해야 한다. 그러기 위해서는 문제만 외우지 말고 오로지 답을 찾아야 한다.

답을 찾다 보면 저절로, 활구가 무엇인지를 모르는 공부인도 의심疑心을 하고 있게 된다. 만일 화두를 들려고 노력했지만 의심이 일어나지 않는 사람은 이런 점을 반성해보아야 한다. '실제로 답을 찾아야 벽에 부닥쳐 의심이 일어나고 또 그 의심이 지속될 텐데, 혹시 나도 모르게 허구한 날 문제만 외우고 있었던 게 아닌가?'

문제만 외우면 항상 제자리에서 맴돌 뿐 앞으로 나아가지 못한다. 답을 찾다 보면 어느덧 앞으로 나아가기 시작하고, 속도가 붙기 시작하면 머지않아 안개가 서린 듯 어두컴컴한 가운데 답답함이 가슴을 짓누르기 시작할 것이다. 이것이 바로 은산철벽銀山鐵壁에 부딪치고 있다는 증거이다.

2. 이뭣고

큰스님에게 화두를 타서 선방에 앉아 참구하게 되면, 대개는 사구만을 들지 활구를 들기는 쉽지 않다. 선지식이 처음 화두를 걸어줄 때, 학인으로 하여금 확실하게 걸리게 만드는 것이 간화선에서 가장 중요한 대목이라고 할 수 있다.

많은 시행착오를 거친 후에, 소납 같은 경우는 의심을 확실히 걸어주기 위해 '이뭣고' 화두를 직접 제시하게 되었다.

즉 손가락을 튕겨 보여주면서, "무엇이 이렇게 하게 합니까?" 하고 묻는다. 그러면 학인들은 "마음이 합니다", "손가락이 합니다", "내가 합니다" 등으로 답변을 한다.

이때 모든 것을 부정한다. 마음은 왜 아니냐? 부처님이 깨닫고 난 뒤에 그것을 설명하기 위해 억지로 붙인 이름이 '마음이다', '여래다', '원각이다', '불성이다' 등등의 것들인데, 그런 것을 배워서 답이라고 해봐야 그것은 알음알이에 불과할 뿐이다. 알음알이로는 자기 안의 번뇌 망상을 없앨 수가 없다.

'마음'이란 말은, 이 일단의 일을 깨달은 이가 다른 사람에게 전하기 위하여 짐짓 붙인 이름일 뿐이다. 실질적으로 마음이라고 이름 부른 근본마음을 깨닫지 않으면, 아무리 알음알이로 답을 해도 소용이 없다. 알음알이로는 무명업장을 밝힐 수 있는 힘이 없기 때문이다.

그렇다고 '마음이 아니다'라고 하는 것은 부처님의 말씀을 부정하는 것이니, 그것도 안 된다. 마음이라고 해도 안 되고 마음이 아니라고 해도 안 된다면, 도대체 이것이 무엇인가?

또 내가 죽어 송장이 되면, 손가락이 있어도 움직일 수가 없다. 그러면 살아있는 동안은 무엇이 손가락을 움직이게 했을까? 죽으면 움직이지 못하지만, 살아있는 동안 손가락은 움직였지 않은가? 그렇다고 내가 움직이게 하는 것도 아니다. '나'라는 것도 내 생각일 뿐이다. 그 생각이 없어도 무의식중에 손가락은 움직인다. 그러니 손가락이나 내가 움직이게 하는 것이 아니다.

그렇게 하고 난 후에 본격적으로 문제를 낸다. 문제는 한 번 보고 듣고 느끼기만 하면 된다고 일러준다. 이제부터 여러분은 답만을 찾도록 하라고 강조한다. 문제는 다음과 같다.

"이렇게 손가락을 움직이게 하는 것은 내가 하는 것도, 마음이 하는 것도 아니다. 그렇다고 하지 않는 것도 아니다. 그렇다면 과연 누가 나로 하여금 이렇게 하게 하느냐?"

이제 문제 따라 답을 알려고 하는 생각이 일어나면, 뭔가 석연치 않은 기운이 마음속에 걸리게 된다. 갑갑한 기운이 학인의 내면에서 차오르는 것이다. 그런 기운이 왜 생겼겠나? 마치 목마른 자가 물 찾다가, 막상 물을 구하지 못해서 목만 더 마르게 되는 경우와 마찬가지이다.

갑갑하니 알려고 해야 하고, 알려고 하지만 알아지지 않으니, 답을 찾아 계속해서 의심하지 않으면 안 되는 상황이 벌어진다. 여기서 당부하고 싶은 것은, 그렇게 일어나는 의심만은 결코 놓치지 말고 집중하라는 것이다.

또한 답을 찾는 과정에서 번뇌 망상煩惱妄想이 계속 일어나더라도 무시해야 한다. 번뇌 망상을 없애고 나서 공부하려 하지 말고 함께 동행하되, 번뇌 망상은 일어나는 대로 내버려두고 화두에만 집중해야 된다. 그렇게 근본문제로 인해 의심이 일어나고, 그 의심으로 인해 일어난 갑갑함이 바로 화두의심話頭疑心인 것이다. 이 점을 명심해야 한다. 이것만 붙들고 나아가야 한다.

이렇게 간화 의지를 바르게 살펴서 공부하지 않으면 안 된다. 학인은 시종일관 답 찾는 데 혼신의 힘을 경주해야만 한다. 문제만 되풀이해서 되뇌고 있으면 절대로 안 된다.

결국 '이뭣고?'는 선지식이 물어주는 문제인 것이다. "손가락을 움직이는 것이 무엇인가?" 학인은 문제만 되뇌며 있지 말고, 온몸으로 오직 답을 찾으라는 것이다.

예를 들면, 머리는 몸에서 가장 둔한 곳이다. 바늘로 몸을 찌르면 머리가 먼저 아는가, 몸이 먼저 아는가? 몸이 먼저 알고 머리는 뒤에 알게 된다. 그렇기 때문에 목이 없어진 사람처럼 몸으로 의심하라고 말하는 것이다. 화두를 온몸으로 들어야지 머리로 들어서는 안 된다.

선생은 선생다워야 하고, 학생은 학생다워야 한다. 선생의 본분은 철저히 물어주는 데 있고, 학생의 본분은 정성껏 답하려고 애쓰는 데 있다.

문제는 알겠는데, 답을 알 수가 없어 꽉 막힌 학생의 심정이 되어 보라!

2

활구화두에 집중하라

1. 어디에 집중할 것인가

화두를 참구할 때, 어디에 집중해야 할까? 한마디로 말하자면, 선지식의 질문에 따라 답을 찾는 데 집중해야 한다. 초심자는 선지식의 질문에 뭐라고 대꾸할 수가 없어서 꽉 막히고 만다. 그러면 막히는 그곳에 집중하는 것이 중요하다. 대혜종고 선사는 이렇게 지도했다.

> 그대는 다만 의심을 깨트리지 못한 곳을 향하여 참구하라. 행주좌와에 집중을 놓지 말라.
>
> 《서장》

선지식이 시키는 대로 답을 찾다 보면, 강한 정신적인 벽이 앞을 가로막는다. 화두를 드는 순간부터 꽉 막혀서 그 자체로 은산철벽銀山鐵壁이 되는 것이 가장 좋다. 그렇지 않은 경우에는 좀 시간이 걸리더라도 화두의심을 잘 지어가다 보면, 결국에는 막다른 골목에 이르러 어떻게 해볼 수 없을 정도로 꽉 막히게 된다. 의심이 뭉쳐 한 줄기로 꿰어진 것이다.

근본문제에 딱 맞닥트린, 그 정신적인 벽이 곧 은산철벽이다. 이러지도 저러지도 못하고, 앉지도 서지도 못하며, 나아가지도 물러서지도 못하고 어찌해볼 수 없을 정도로 꽉 막힌 것이다. 그리고 감옥에 갇힌 것처럼 사방에서 꽉꽉 조여온다(금강권). 숨이 막혀서 빠져나가려고 하지만, 그럴수록 더 세게 조여온다. 선지식께서 처음부터 빠져나올 수 없는 그런 외통수에 집어넣어 주면, 참으로 좋은 공부 인연을 베푼 것이다.

활구의심이 제대로 잡들어지면, 앞은 더 나갈 수 없는 막다른 골목이요 퇴로는 끊겨서 물러설 수도 없게 된다. 학인은 그 꽉 막힌 은산철벽을 뚫고 나아가려고 해야 한다.

> 거친 가운데 미세한 것이 있고, 미세한 가운데 조밀한 것이 있으며, 조밀하고 조밀하여 간격이 없어서 가는 티끌도 세울 수 없다. 이러한 때가 바로 은산철벽이다.
>
> 나아가자니 문이 없고 물러가면 잃어버린다. 마치 사면이 절벽과 가시밭인 만길 구덩이에 떨어졌어도, 용맹한 영웅이라면 곧 몸을 돌이켜 뛰쳐나와야 한다.

만일 한 생각이라도 머뭇거린다면 부처님도 그대들을 구제하지 못한다. 이것은 최상의 진리문이다. 대중들이여! 다 함께 힘쓸지니라.

《선요》

그 상태는 마치 칼을 쓰고 감옥에 갇힌 것과 같아서, 갑갑하고 숨통이 막힐 지경이다. 설사 그렇더라도 밀어붙여야지, 결코 물러서면 안 된다. 무엇과도 타협하면 안 된다. 그만 둘 수도 없고 그만 두지 않을 수도 없는 죽을 지경의 진퇴양난이라도 참고 견뎌내야만 한다.

바로 저 한 면의 낭떠러지와 가파른 절벽의 발 디딜 수 없는 곳을 향하여 불조를 뛰어넘는 마음을 세우며, 오래도록 변함없는 뜻을 갖추고, 올라감과 올라가지 못함과 얻음과 얻지 못함을 묻지 말며, 오늘도 목숨을 버리고 뛰어오르며 내일도 목숨을 버리고 뛰어올라서 주관과 객관을 다 잊으며, 심식의 길이 끊어지는 곳까지 물러서지 말라.

《선요》

앞뒤가 모두 차단되어 제자리에 꼼짝 못 하고 갇혔는데, 설상가상으로 뭔가가 점점 더 내리누른다. 이럴 때 어찌 해야 하나?

이 문제를 해결하기 위해서는, 오직 끝까지 화두의심을 견지하는 수밖에 달리 다른 길이 없다. 이때 화두가 사라진 것 같아도, 없어진 것이 아니라 더욱 힘차게 들려지고 있다고 믿어야 된다. 끝까지 화두가 천하의 명약이라는 사실을 믿고 집중하지 않으면 안 된다.

2. 한번 앉으면 움직이지 말라

한번 하려고 '이때다!' 마음먹었으면 용맹스럽게 끝장내야 한다. 차분하게 앉으면 화두의심이 잘 견지된다. 가능하면 온종일 앉는데 힘써서 공부하지 않으면 안 된다. 초심자가 움직이면서 화두를 들면 화두의심이 잘 진행되지 않는다.

앉을 때, 너무 긴장하지 말고 몸을 자연스럽게 풀고 앉아야 한다. 자세는 반듯하게 척량골脊梁骨(척주)을 곧추세워서 앉아야, 화두가 빠르게 진행될 수 있는 인연이 열린다. 몸을 구부리면 자기도 모르게 혼침昏沈이나 산란散亂에 쉽게 빠지기 때문이다.

화두를 들어서 초점을 맞춰 집중하면 눈이 고정된다. 자세가 안정이 되면 몸과 마음이 다 고요해진다. 산란한 마음이 제어되면, 집중하기 좋은 가운데 화두의심이 이어질 것이다. 몽산덕이 선사는 이렇게 말했다.

> 앉아 있을 때 힘을 얻기가 제일 쉽다. 앉을 때부터 정신을 바짝 차려 몸을 편안하게 풀되 단정히 앉아서 등을 굽히지 말아야 한다. 머리는 우뚝 세우고 눈꺼풀을 움직이지 말고 평소대로 눈을 떠야 한다. 눈이 움직이지 않으면 심신이 다 고요해질 것이고, 고요해지면 정定에 들게 될 것이다. 정 중에 반드시 화두는 현전現前해야 하며, 정을 탐

하여 화두를 놓치면 안 된다. 화두를 놓치면 공空에 떨어져서 오히려 정에 미혹될 것이니, 이는 잘못된 것이다.

정 중에 힘을 얻기는 쉬우나 반드시 성성불매惺惺不昧해야 한다. 온갖 좋고 나쁜 경계가 갑자기 나타날 때에도 전혀 상관하지 말라. 화두가 분명하면 순식간에 경계가 저절로 맑아질 것이다.

정定에서 일어날 때에는 천천히 몸을 움직이면서 정력定力을 호지護持해야 하며, 움직임 속에서도 화두의심을 놓쳐서는 안 된다.

《몽산법어》

아주 고요한 가운데서도 화두는 성성해야 한다. 정定 가운데 힘을 얻을 수 있어야, 움직일 때도 그 힘이 도망가지 않는다. 정력定力이 있어야 화두의심이 더 치성해져서, 좋은 경계에 들어가 힘을 얻기 쉽다.

마음이 올곧아서 화두의심이 도망가지 않을 때, 아주 성성해서 어둡지[昧(매)] 않아야 한다. 화두가 오롯하면, 어떤 경계 속에서도 흔들림이 없다. 화두가 잘 지어져서 그 중심이 잡히면, 화두가 현전現前하게 된다.

앉아 있다가 일어날 때에도, 갑자기 움직인다든지 경계에 마음을 빼앗기면 화두가 도망갈 수 있다. 공부하다가 화장실도 가야 되고 식사도 해야 되는데, 그때 급작스럽게 일어나면 안 된다.

움직이거나 고요하거나 상관없이 집중이 흩어지지 않도록 해야 된다. 앉아 있을 때나 서 있을 때나 행주좌와行住坐臥 어묵동정語默動

靜에 온종일 화두를 놓치고 않고 마음을 살펴야, 공부 인연에 가깝게 접근할 수가 있다. 언제나 정력을 보호해서, 화두를 놓치지 말아야 한다.

공부를 지어나갈 때 왕왕 여러 경계가 일어나더라도, 화두話頭만 놓치지 않으면 모든 문제가 해결된다. 좌선坐禪을 강조하는 것도 결국 그것이 화두에 집중하기 가장 좋은 자세이기 때문이다.

일단 화두를 한번 들어 짧은 시간 안에 끝내려면, 어떤 일이 있더라도 앉아 배겨야 성취할 수 있다.

3. 일념만년으로 집중하라

깨닫기 위해 선지식 앞에 나아간 사람의 심정을 헤아려봤는가? 인연이 성숙하기를 기다려 믿음이 가는 선지식을 찾아간 학인學人이라면, 이미 그 마음은 간절함으로 가득 차 있을 것이다.

나름대로 혼자서 애쓰다가 도저히 안 되니까 큰마음 먹고 찾아간 것이다. 그럴 때 정말 궁금한 한마디를 삼베 쥐어짜듯이, 온몸으로 최선을 다해서 물었을 것이다.

답을 알고 있는 선지식이면, 대뜸 한마디를 던져줄 것이다. 그 소리에 깨달을 수만 있으면 숙세의 영골이 있는 상근기라고 하겠지만, 깨닫지 못하면 그 한마디가 목에 걸려서 밤송이가 될 것이다(율극봉). 한번 걸려들면 나아가지도 못하고 물러서지도 못하며 어찌해볼 수 없는 그런 지경에 들어가게 되니, 그때는 선지식의 지남指南에 따라 화두 참구에 집중해야 한다.

이때 집중하라는 말은, 선지식이 일러주는 문제의 답을 모르기 때문에 알려고 애쓰라는 말이다. 집중하지 않으면 근본을 놓칠 수밖에 없기 때문에, 집중하지 않을 수 없다. 몽산덕이 선사는 이렇게 말했다.

> 참선을 하려고 한다면 많은 말이 필요 없으니, 화두만을 생각생각 이어갈지어다. 행주좌와하는 가운데 눈앞에 늘 마주 대하여, 금강 같은 뜻으로 일념이 만년 가도록 하라.
>
> 《몽산법어》

근본만 놓치지 않는다면, 깨달음의 인연은 저절로 열리게 되어 있다. 근본을 놓치지 않는 방법은, 머리를 굴려 답을 생각으로 풀려고 하지 말고 오직 꽉 막힌 정신적인 벽에 집중하는 것이다.

화두 장치라고 하는 묘약은, 일단 공부 기회가 제공되면 짧은 시간 내에 해결될 수 있는 입장에 나아가도록 만들어진 것이다. 따라서 화두는 오래 들면 들수록 약효가 떨어진다.

선지식은 바로 눈앞에서 깨닫게 하는 입장을 제시했지만, 찾아간 사람으로서는 듣자마자 바로 깨닫지 못하니 의심이 일어나지 않을 수가 없다. 학인은 그 의심을 물고 늘어져서 짧고 빠른 시간 내에 타파해야 한다.

고봉원묘 선사는 이렇게 말했다.

만일 이 일을 말하자면, 만 길이나 되는 깊은 못에 돌멩이를 하나 던진 것과 같아서 위에서 밑바닥까지 꿰뚫어 털끝만치도 간격이 없어야 한다.
진실로 이렇게 공부를 간단없이 하고서도 만일 7일 안에 깨치지 못한다면, 나는 영원히 무간지옥에 떨어지리라.

《선요》

저 물밑까지 확 뚫고 들어가서 한 방에 끝낼 수 있는 용맹한 기운으로 공부해내지 않으면, 화두의심을 불러일으킨 근본문제를 해결할 수가 없다. 온몸으로 투과해내겠다는 믿음이 있는 사람이라면, 화두의심을 한번 잡았을 때 어떤 방해가 오더라도, 화두가 일념만년이 되어 지속되도록 이어지는 공부 인연을 만들어야 한다. 의심이 한 덩어리가 되어서 도망가지 않도록 하려면, 마치 눈썹에 붙은 불을 끄듯 공부해야 한다. 그만큼 급하고 급한 일이 되어야 하는 것이다. 그러므로 이 공부는 시작하자마자 행주좌와 어묵동정 가운데 철석같이 활구의심만을 딱 잡들어서 그 집중이 끊어지지 않고 지속되도록 해야 한다.

선지식의 회상에 나아가 여러 가지 수행의 조건이 맞는다면, 기한을 정해 집중해서 공부하는 것이 좋다. 이때 혼침과 산란심이 공부를 크게 방해하기 때문에, 옛 조사들이 경책하기를, "스스로 채찍을 가해서 온몸에 살이 뜯겨나가 피범벅이 되든지 말든지, 사정없이 두들겨서 혼침과 산란심에 대항하라"고 경책한 것을 새겨들어야 한다.

이 모든 것이 '한 생각이 만 년 가도록 집중하라'는 고구정녕한 가르침인 것이다.

4. 여울물을 거슬러 올라가듯이

처음 화두의심에 집중할 때, 마치 여울물을 만난 뱃사공이 위로 올라가려고 최선을 다해서 노력하려는 것과 같이 해야 한다. 고봉원묘 선사는 이 점을 강조했다.

> 만일 이 일을 논하자면, 마치 물을 거슬러 배를 모는 것과 같다. 한 삿대를 밀어 올리면 열 삿대나 물러가고, 열 삿대를 밀어 올리면 백 삿대나 물러간다. 버티면 버틸수록 더욱더 물러간다.
> 물러가고 물러가 설령 큰 바닷가까지 물러갔더라도, 뱃머리를 돌려 결단코 또 버티면서 밀어 올리려는 것과 같이 하여야 한다.
> 만일 이와 같은 지조와 지략을 갖추었다면 바로 집에 이른 소식이다. 마치 산에 오를 때 각기 스스로 노력함과 같다.
>
> 《선요》

초심자가 화두에 집중할 때는, 잠시만 방심해도 타고 있는 배가 아래로 떠밀려 내려가게 된다. 어떨 때는, 하류까지 한없이 밀려갈 때도 있다. 다행인 것은 화두 공부에서는 떠밀려 내려가는 것은 계산에 넣지 않고, 오직 밀어 올리는 것만 유효하다는 사실이다.

만일 이 일의 공부하는 것을 논한다면 철선을 만들어 바다에 들어가서 여의보주를 얻는 것과 같다. (…)

만일 참된 참구와 참된 깨달음을 논한다면, 팔십 세 노인이 바람을 거스르고 물을 거슬러서 한 척의 밑바닥 없는 철선을 끄는 것과 같다. 올라가거나 올라가지 못하거나, 철저하거나 철저하지 못하거나 묻지 말라. 마음과 마음이 끊어짐이 없으며, 생각과 생각이 이지러짐이 없어야 한다. 한 걸음 한 걸음에 평생의 기량을 다해 엿보고 끌어가서, 발붙일 수 없는 곳과 힘줄이 끊어지고 뼈가 부러지는 지경에 엿보아 이르면 문득 물과 바람이 거꾸로 흐를 것이다. 곧 이것이 집에 이른 소식이다.

《선요》

화두에 집중할 때는 비록 떠내려가더라도 상관하지 말고, 오직 올라가는 데에만 집중해야 한다. 그렇게 계속 노력하다 보면, 결국은 그 애쓰는 입장을 통과하게 될 것이다. 그 다음부터는 힘써 노를 젓지 않아도 배는 수월하게 움직이게 될 것이다.

5. 렌즈로 초점을 맞추듯이

화두에 집중하는 것을 비유하자면, 마치 밝은 해를 볼록렌즈로 비춰서 초점을 맞추는 것과 같다. 볼록렌즈를 한 곳에 집중시켜서 오래 비추면 초점 부위가 탄다. 이렇듯 집중하면 무명 업식을 태울 수 있는 불을 얻게 되는 것이다.

이 모습을 옛사람들은 '고양이가 쥐 잡듯이, 어미닭이 알 품듯이 하라'고 표현했다. 혹은 '골목에서 개를 몰듯이 하라'고도 했다.

> 만일 이 일을 논한다면 담장 옆에서 개를 몰고 몰아감에 막다른 골목에 이르러서는, 개가 몸을 돌리게 되어 그 개에게 한 입 물림을 면치 못하는 것과 같다.
>
> 《선요》

볼록렌즈를 통해 밝은 햇빛을 모으는 것처럼 의심을 집중하면, 마침내 정신의 벽을 뚫을 수 있는 힘을 얻게 된다. 그런 힘이라야 칠통漆桶 같은 무명을 태울 수 있다.

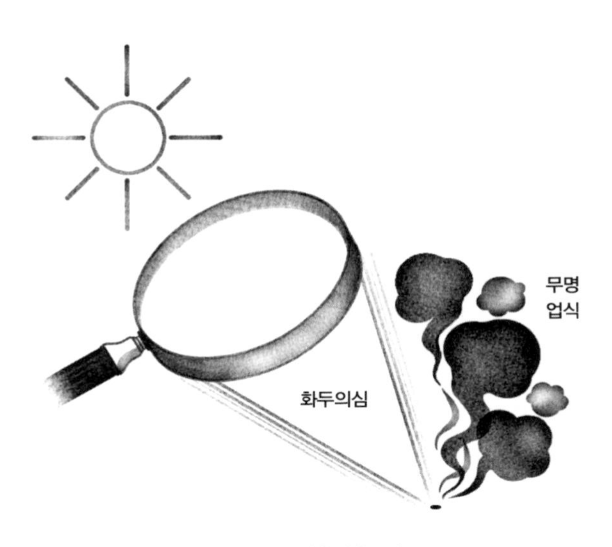

렌즈로 초점을 맞추듯이

그런데 볼록렌즈가 있다고 해도 자꾸 렌즈를 움직이면 불을 얻지 못한다. 또한 해가 구름에 가려 흐릿하면 충분한 빛을 모으지 못하여 역시 불을 얻지 못한다.

화두 참구 도중에 무언가 반짝 하고 알아지는 것과 같은 식광識光으로는 번뇌 망상을 태우지 못한다. 같은 빛이라도 알음알이의 빛은 반딧불처럼 약해서 잠시 비추고 말지만, 화두의심의 빛은 매우 강렬하여 무명 업식을 뿌리째 태워버린다. 은산철벽이 무너지면 근본무명까지도 사라지게 만들 수 있는 큰 지혜 광명이 밝게 비춘다. 이것이 간화선이 지닌 힘이다.

6. 쥐가 물소 뿔 속으로 들어가듯이

이 공부는 마치 쥐가 물소 뿔로 만들어진 덫에 들어감에, 처음에는 먹이 냄새를 맡고 조심해서 들어가다가 마침내 뾰족한 끝에 갇히는 것과 같다.

> 쥐가 물소 뿔 속에 들어감에 얼른얼른 달려서 뾰족한 막바지에 이르는 것과 같다.
>
> 《선요》

물소 뿔로 쥐틀을 만들어놓고 유혹하면, 쥐는 처음에는 망설이나 결국 먹이의 유혹을 이기지 못하고 들어간다. 한번 들어가면 문이 닫히면서 되돌아나갈 수가 없게 된다. 쥐틀이 앞으로만 나가게

끔 장치되어 있기 때문이다. 앞으로 나아가다가 결국 물소 뿔의 끝이 뾰쪽하므로 머리와 몸통이 꽉 끼어서 더 나갈 수 없는 그런 입장에 처하게 된다. 그렇게 꽉 막히면 극심한 고통이 따르는 법이다. 오도 가도 못하는 처지가 되면 답답하고 숨이 막힐 지경이다.

이럴 때, 거기서도 버텨내어 마침내 끝장을 봐야 된다. 이러다가 죽을 것만 같은 상황 속에서도, 어쨌든 죽기 살기로 버텨야 한다. 그러다가 어느 순간 쥐고 물소 뿔이고 할 것 없이 터져나가 홀연히 모든 것이 사라져버릴 것이다.

> 화두를 드는 자리에서 알아채려고 하지 말며, 또 알음알이로 헤아리지 말라. 다만 유의하여 헤아릴 수 없는 곳에 나아가서 의심하면, 마음이 갈 곳이 없는 것이 늙은 쥐가 물소 뿔에 들어가 문득 넘어지고 끊어지는 곳을 만나는 것과 같아질 것이다.
>
> 《서장》

그렇게 한번 크게 죽은 뒤 살아 나와야, 비로소 활달 자재할 수 있는 힘을 얻게 된다. 이런 힘든 과정을 몸소 체험한 뒤에 할 일을 마치면, 진리 문을 직접 열고 들어간 소식이다.

7. 모기가 무쇠 소를 물듯이

또한 이 일은 마치 굶주린 모기가 무쇠로 만든 소의 피를 빨려고, 주둥이가 뭉개지는 것도 아랑곳없이 철판을 뚫고 뚫다가 어느 순간 몸통 전체가 쑥 들어가는 것과 같다.

> 만일 이 일을 말하자면, 마치 모기가 무쇠 소에 기어올라가 이러쿵 저러쿵 묻지 않고 당장에 입부리를 댈 수 없는 곳에서 목숨을 떼어 놓고 한 번 뚫어서 몸까지 뚫고 들어가려는 것과 같다.
>
> 《선요》

모기는 피를 빨지 않고서는 굶어죽는다. 피 냄새를 맡고 소의 잔등 위에 올라앉았는데, 하필이면 그 소의 가죽이 무쇠로 되어 있다. 그렇지만 아무리 소가 무쇠 갑옷으로 무장되어 있다 하더라도 뚫지 않으면 안 된다.

주둥이를 대니까 뭉그러지고, 안 대자니 굶어 죽을 지경이다. 그야말로 진퇴양난이다. 이러지도 못하고 저러지도 못하다가, 결국 뚫고 들어가지 않고선 달리 살아날 방도가 없다. 모기는 마침내 굳게 결심하고 간절하게 뾰족한 입을 대고 혼신의 힘을 다해 뚫어본다. 그럴 때, 도저히 불가능할 것 같았는데 어느 순간 온몸뚱이가 통째로 쑥 들어가는 체험을 하게 된다.

화두 참구를 진실로 일념만년이 되도록 간절하게 하면, 이와 같은 일이 실제로 일어난다. 이 말을 꼭 믿고 화두 공부에 임해야 한다.

혼신을 다한 집중력이야말로 정말로 무서운 힘이다. 그 힘으로 억겁에 굳어진 업장의 벽을 뚫는 것이다. 간화선은 이 현묘한 잠재력을 최대한 발휘할 수 있도록 시설된 장치다.

8. 물을 100도로 끓어넘치게 하듯이

화두 참구를 비유하자면 물을 100도로 끓어넘치게 하는 것과 같다. 그래야 겨우 일을 끝마칠 수 있는 기미를 엿볼 수 있다고 할 것이다.

그런데 90도로 올라갔다가 80도로 떨어지고 다시 95도까지 갔다가 70도로 떨어지는 등 오락가락 하기만 하면, 결코 시절인연이 열리지 않는다. 한번 할 때 제대로 잡들어서, 그냥 밀어붙인 끝에 승부를 보도록 해야 한다.

질긴 생고무줄을 끊으려고 할 때, 끊어질 때까지 물고 늘어져야 비로소 끊어진다. 끊어질듯 말듯, 아무리 반복해봐야 소용없다. 처음에 조금 하다가 곧 힘드니, 하다보면 되겠지 하면서 중간에 쉬게 된다. 쉬었다 또 하고 쉬었다 또 하고, 그러면 아무리 되풀이해도 결판이 나지 않는다. 힘이 들 때 들더라도, 이를 악물고 한 번에 밀어붙여 끝내야 한다. 그래서 끝낼 수 있을 때 끝내야 된다고 한 것이다.

인간의 무명 업식 속은 어둡기 때문에, 막상 대면하면 자기도 모르게 주춤하고 타협하고 싶어진다. 나아가 두렵기까지 해서, 우선 숨 좀 돌리고 보자며 스스로 합리화하는 유혹에 빠진다. 그리고는 집중을 풀고, 일어나서 몸을 움직여버린다. 그러는 순간 공부는 말짱 도루묵이다.

그래서 한번 물면 독종처럼 끝을 보라는 것이다. '에이 한 번 죽지, 두 번 죽나? 죽든 말든 한 번 끝을 보자' 하는 믿음을 내야 한다.

화두는 한번 들었으면, 그 일념이 만년을 가도록 해서 끝을 봐야 된다. 화두는 들고 또 들고 하는 그런 것이 아니다. 한 번 들었다 하면 순간순간 계속해서 이어지도록 집중해야 한다. 그렇게 공부해야 화두가 제대로 익어가는 것이다.

답을 찾기 위해서 한 번 집중하기 시작했으면 그만이지, 자꾸 돌아보면서 화두가 도망갔는지 안 갔는지 챙기는 것도 어리석은 짓이다. 그래서 믿음이 필요하다. 화두 챙기는 것은 옆에서 지켜보는 선지식에게 맡기고, 학인은 무조건 곧장 밀고 나가야 한다.

9. 잉어가 용문폭포를 넘듯이

또 비유하자면, 마치 잉어가 강을 거슬러 올라가다가 폭포를 만나는 것과 같다. 잉어는 그 관문을 뛰어넘으면 용龍이 되어 승천할 수 있고, 실패하면 이무기로 전락하고 만다.

폭포 앞에서 기다리다가 마침내 큰비가 쏟아지면, 비로소 올라갈 수 있는 길이 열린다. 그 전에는 때를 기다리면서 조심하고 있다가, 막상 시절인연이 열리면 사정없이 부닥쳐 오른다. 올라가다 떨어지기를 수없이 반복한다. 조금 올라가다 떨어지기도 하고, 중간쯤 올라가다가 떨어지기도 하며, 다 올라가서 끄트머리 한발자국만 올라가면 완성되는 데서도 미끄러질 수 있다.

그런 높은 데서 떨어질 때는 더 아프고 비참하다. 조금 올라가다 떨어진 것은 좀 덜 다치는데, 꼭대기에서 떨어지면 자기도 모르게 그냥 온몸이 부서진 것처럼 그저 쑤시고 저리기 그지없다. 몸만 아픈 것이 아니고, 마음도 한없이 괴롭다. 그래도 다시 몸과 마음을 가다듬고 올라가야 된다.

큰 의심에 크게 깨친다. 쉬운 길을 택해선 안 된다. 오직 그 길 밖에 없다. 꼭 해결해내려는 믿음을 내고, 가파른 폭포도 겁내지 않고 그대로 애를 써서 온몸으로 사납게 부딪쳐 올라가야 한다.

혼신의 힘을 기울이다 보면, 몸도 마음도 잊어버린 채 올라가려고 하는 의지 그 하나만 남는다. 그렇게 돌진하고 있는 입장에서는, '이렇게 올라가야지, 저렇게 올라가야지' 하는 어떤 생각도 나지 않는다. 하지만 이와 같은 생각을 조금이라도 일으키는 순간, 그대로 떨어지게 된다. 떨어졌어도 앞에서 해오던 대로 다시 정신없이 부딪쳐 올라갈 뿐이다. 이럴 때 당사자는 말할 수 없이 괴롭다. 그 힘든 상황을 참고 견뎌야 된다. 오직 화두話頭를 의지해서 버텨내야만 된다.

중간에서 미끄러져 떨어진 것은 아직도 뭔가 충분하지 못하여 방해를 받았기 때문이다. 반면에 진짜 하려고 하는 믿음으로 몰두하면, 뭔가가 도움을 줄 것이다.

자기도 모르는 어느 순간에 올라왔음을 알게 된다. 애쓰고 애쓰는 가운데 홀연히 한 덩어리가 되면서, 변화를 수용할 수 있는 큰 인연을 만나게 된다. 이렇듯 온몸으로 올라가다 보니, 문득 어떻게 올라갔는지도 모르는 그런 상태에 이른 것이다. 사람도 경계도 모두 없어진 상태, 마음과 의식의 길이 모두 끊어진 데에 이르면, 거기서는 어떻게 하고 말고의 차원이 아니라 그냥 이루어지는 것이다.

3

의정이 익으면 회광반조가 된다

1. 자라는 독 속에서 도망가지 못한다

공부하는 사람에게 제일 고약한 것은 의심이 잘 진행되고 있는지, 그렇지 않은지 자꾸 뒤돌아보는 일이다. 그냥 믿음을 가지고 최선을 다해서 끝까지 밀어붙여야지, 조바심을 내서 주저해서는 안 된다.

화두를 처음 참구해보는 학인이 지금 공부가 되고 있는지 아닌지를 스스로 알 수는 없다. 초심자가 자기 생각으로 판단하고 자꾸 회의하여 딴 생각을 품으면, 의심이 익을 수가 없다. 일단 화두를 들고 의심하기 시작했으면 그것을 타파해서 끝장을 보려고 밀어붙여야지, 중간에 엉뚱하게 한눈팔면 결실을 맺을 수 없다. 어떤 경우에도 오로지 화두만 잡들어야 한다.

물론 한참 집중하다 보면, 의심의 실감이 나지 않을 때도 있다.

그리고 앞으로 나아가지 못한다는 느낌이 들기도 한다. 혹 의심이 사라졌다는 착각 속에 깜짝 놀라기도 한다. 그런 사람은 자기 목이 없어진 줄 알고 찾아 헤매는 정신 나간 짓을 하기 쉽다. 하지만 잠깐 의심의 실감이 나지 않더라도, 계속 전진해야 한다.

비유하자면, 마치 파도가 높아서 배가 나가지 못하고 있다 해도, 파도가 잔잔해질 때까지 기다리지 말고 계속 나아가야 하는 것과 같다. 바다에서는 바람이 불고 파도가 치는 것이 정상이다. 항구에 도착하려면, 파도에 상관하지 말고 목적지를 향해서 꾸준히 나아가야 한다. 일대사인연을 해결하고 싶다면, 바람이 있든 없든 밤낮 끊임없이 앞으로만 나아가야 한다.

또 다른 비유가 있다. 화두 참구는 병을 없애기 위해 알약을 삼킨 것과 같다. 알약을 한번 먹으면, 그 알약이 몸 안에서 고스란히 가만있는 게 아니다. 구석구석 퍼져서 온몸에 약 기운이 작용한다. 화두가 없어진 것이 아니라, 화두 기운이 이미 온몸에 퍼진 것이다. 마치 독에 든 자라가 도망가지 못하는 것처럼, 몸에 퍼진 화두 역시 도망갈까 걱정할 필요가 없다.

> 홀연히 죽 먹고 밥 먹을 때에 발우를 향하여 수저를 잡을 때에도 독 안에 달리는 자라와 같아서 두려워하지 않게 되었다. 이것은 이미 경험한 것이요, 결코 속이는 것이 아니다. 만일 한마디라도 사람들을 속인다면 혀를 뽑는 발설지옥에 영원히 스스로 떨어질 것이다.
>
> 《선요》

활구화두를 바르게 잡들은 학인이라면, 화두 기운이 늘 몸에서 돌고 있다. 문제는 삼켰는데 답을 모르니까, 그 문제가 온몸에 퍼져 의심화된 것이다. 그러니 그 의심된 것을 계속 집중하고 추궁해야 한다. 내면으로 돌이켜 자꾸 살펴서 한 덩어리가 되지 않으면 안 된다. 이렇게 해나갈 때, 어떤 방해가 오더라도 경계에 흔들리지 않고 화두에 더 집중할 수 있게 된다.

그렇게 되면 바깥의 반연을 쉬려고 하지 않아도 저절로 쉬어지며, 보고 듣는 데 따라서 경계를 취하는 인연까지도 다 고요해진다. 그러면 앞뒤가 탁 끊어진 것처럼 생각이 사라지고, 그냥 화두 일념 속에 오고 가게 될 것이다.

> 가령 의심하려 하지 않아도 저절로 의심이 나서 깨어 있거나 잠들어 있을 때에도 잃지 않는다. 눈이 있어도 눈먼 것 같고 귀가 있어도 귀먹은 것 같아서, 보고 듣는 구덩이에 떨어지지 않는 데에 이를지라도 오히려 주관과 객관이 없어진 것이 아니며 엿보는 마음을 쉬지 못한다.
>
> 반드시 정진하는 가운데 두 배로 더 정진해서, 행해도 행하는 줄 모르고 앉아도 앉은 줄 모른다. 동서를 분별하지 못하고 남북을 가리지도 못하여, 한 법도 정情에 해당함을 보지 못함이 마치 구멍 없는 쇠몽둥이와 같다. 의심하는 주체와 의심하는 대상과 속마음과 바깥 경계가 둘 다 잊히고 둘 다 없어져서, 없다는 것까지 없음도 또한 없어야 한다.
>
> 《서장》

정 확신이 서지 않으면, 화두가 들려졌는지 안 들려졌는지를 선지식에게 나아가 점검을 받아야 한다. 그럴 때 선지식이 바른 길로 경책警責해줄 것이다.

"자세를 풀지 마라. 화두가 없어진 게 아니다. 숨 쉬는 사람이 '숨 쉬어야지, 숨 쉬어야지' 확인하면서 숨 쉬는 바보가 어디에 있나? 그냥 숨 쉬는 줄 알고 믿었으면, 끝까지 그대로 숨 쉬는 거지. 화두가 이미 제대로 들려지고 있는데, 왜 거기서 자꾸 흔들리는가? 그냥 밀어붙여라."

화두의심은 첫 단추를 잘 끼면 중간과 마지막까지 연결이 된다. 화두가 이미 몸속으로 퍼졌다는 사실을 믿고, 중간에 회의하지 말고 계속 밀어붙여야 한다. 그렇게 할 때 공부 인연이 가까워진다. 이렇게 바른 길을 아는 선지식의 회상에서 자세한 안내를 받으면, 힘 덜 들이고 끝까지 가게 될 것이다.

그렇지만 그런 분이 옆에 없으면, 스스로 의구심을 극복하기 어렵다. 그래서 선지식 없이 공부하면 천이면 천, 만이면 만, 대부분 실패한다고 했다. 설사 학인이 애써 활구의심을 잡들었다 해도, 중간에 다 실족하고 만다.

환자가 혼자서 병 고치려고 애쓰는 것과 의사가 옆에 있으면서 병 고칠 수 있는 정확한 인연을 열어주는 것은 하늘과 땅 차이이다. 안내자가 그만큼 중요하다. 화두 집중할 때도 반드시 선지식의 회상에서 바른 지도를 받아가며 해야 성과가 있다.

참선 공부할 때 도반들이 옆에서 함께 참구하고 있으면, 천 명 만 명 속에서도 혼자 공부하는 것처럼 마음 쓰고 살펴야 한다. 화두 들고 의심하는 데 시끄럽거나 조용하거나에 구애받으면 안 된다. '화두 들고 있느냐, 아니냐?' 이것만이 중요한 사실이다. 잡들은 화두를 놓치지 않으려고 애를 써야 한다. 그렇지 않고 주변을 돌아보면서 참견하거나, 옆 사람을 따라하려고 한다면 그건 화두 참구하는 학인의 바른 모습이 아니니다.

선방에서 옆 사람이 자빠지거나 울음을 터뜨린다 해도 일체 간섭하지 말라. 그런 것은 호법 서주는 선지식이 알아서 갈무리해줄 것이기 때문이다. 천 명, 만 명 중에서도 자기 공부만 해야 한다. 화두 참구에 집중할 때는 완전히 자기 일에만 몰두해야 한다. 이때만은 정신적으로 좀 이기적이어도 좋다.

물론 공부 끝나고 난 뒤에는 남을 도와주고, 공부 못 한 사람을 위해서 호법도 서주는 등 당연히 보시를 해야 한다. 그러나 자기 공부할 때는 주변을 돌아보지 말고 오직 스스로 지어가고 있는 의심에만 집중해야 한다. 내 발등에 떨어진 불부터 해결해야 하는 것처럼, 의심이 살펴진 자기의 입장을 도망가지 못하게끔 지켜내야 된다. 남의 인정사정 다 봐주다가는 자기 공부가 되지를 않는다.

2. 힘 덜리는 곳이 힘 얻는 곳이다

화두가 완전히 활구活句가 되면, 잡들은 의심이 아주 성성해진다. 답을 찾다가 벽에 막혀 갑갑해지면 곧 의정疑情을 발하게 되고, 그때부터는 화두가 도망갈 수 없게 된다. 화두 상에 의정이 확실히 일어나서 이제는 내려놓을 수 없는 곳이, 바로 공부가 제대로 익어 가는 길목이다.

> 하루 종일 화두의심 속에서 지내다가 모든 맛이 없어졌을 때라도 조금의 맛은 남아 있을 것이니, 걱정하지 말라. 의심이 깊어지면 화두를 들려고 하지 않아도 저절로 들려질 것이니, 기뻐하지도 말라.
>
> 《몽산법어》

비유하자면 팽이를 칠 때 처음에는 막무가내로 세게 치다가, 요령이 생기면 힘들이지 않고 살살 쳐도 잘 돌릴 수 있게 된다. 그러다가 마침내 잠자듯이 완벽하게 팽이가 돌 때는 치면 안 되고, 다만 지켜보기만 해야 한다. 이렇게 의심이 익어 의정화되면, 조금만 힘을 줘도 더 단단해진다. 이럴 때 화두가 들려지고 있는지 아닌지조차 모르는 상태가 될 것이다.

화두의심을 일념이 만년 가듯이 살피고 또 살펴서 의심을 잡들다 보면, 화두가 회광반조迴光返照되는 시절인연이 열린다. 회광반조란 '활구의심이 들려고 하지 않아도 저절로 들려지는 것'을 말한다. 그때는 빛을 돌이켜서 스스로 비춰보기만 하면 된다. 소위 화두참구 상에서, "회광반조해서 스스로 살펴보라[自看(자간)]"는 단계에 접어든 것이다. 그러면 의심 가운데에 화두가 성성역력惺惺歷歷해서 빗나가지 않는다. 들려고 하지 않아도 들려지고, 놓으려고 해도 놓아지지 않는 의정이 저절로 익어간다. 이것은 활구를 들고 의심했을 때 그렇게 되는 것이지, 사구를 들고 억지로 한다고 해서 되는 것은 아니다. 활구의심이 그래서 중요한 것이다.

> 친히 깨달은 후 공부가 안 되었던 병의 근원을 살펴보았더니, 별다른 까닭이 없고 다만 의정 속에서 공부를 짓지 않은 것뿐이었다.
> 한결같이 그저 화두를 들어도, 들 때에는 있다가 들지 않으면 문득 없으며, 설령 의심을 일으키려 하여도 손을 쓸 곳이 없었으며, 손을 써서 의심이 이루어지더라도 잠시뿐이고 곧 혼침과 산란의 두 가닥을 면하지 못했었다.
> 이에 공연히 많은 세월만 낭비하고 허다한 고생만 하였으나 조금도 진취는 없었다. (…)
> 의심하고 의심함에 그 의심이 힘 덜리는 곳에 이르면, 그곳이 곧 힘을 얻는 곳이다. 의심하지 않아도 저절로 의심케 되며, 들지 않아도 저절로 들리게 된다. 아침부터 저녁에 이르기까지 머리와 꼬리가 이어져서 한 조각을 이루어 털끝만한 틈도 없게 될 것이다.
> 흔들어도 움직이지 않고, 쫓아도 가지 않으며, 한없이 밝고 신령하여 늘 앞에 나타나 있는 것이 마치 물살을 따라 배를 띄우는 것 같아서 전혀 힘들이지 않게 될 것이니, 그것이 바로 힘을 얻는 시절이다.
>
> 《선요》

처음에 의심을 지어갈 때는 용을 쓰면 더 잘 들리고 화두에 집중하면 할수록 더 세게 들렸지만, 일단 회광반조가 되어 의정이 형성되면 구태여 힘을 주지 않아도 화두가 살펴지고 들려진다.

정성을 다한 의심 끝에 이제는 의심하지 않아도 절로 의심되는 그런 곳에 다다르면, 누가 와서 말을 건네고 또 어떤 경계를 봐도 전혀 움직이지 않고 흐트러지지도 않는다. 마치 배가 순풍을 만나 절로 나아가는 것처럼, 노에 의지하지 않아도 저절로 순탄하게 갈 길을 가게 된다.

본인이 화두를 들고 의심하는지 안 하는지조차 모를 정도로 의정 속에서 오고가게 된다. 이럴 때는 화두 들려고도 하지 말고 놓으려고도 하지 말고, 이런 말까지도 다 내려놓고 진행되는 대로 내버려두면 된다. 옆에서 지켜보고 있던 선지식은 그때 학인이 저절로 화두가 들려지고 있는 회광반조 상태에 들어갔다는 사실을 안다. 그렇지만 당사자는 이와 같은 경계를 처음 당해보는 것이어서 알 수가 없을 것이다.

화두의심에 사로잡힌 공부인은 정신없이 그 속에 있으면서, 어떤 경계가 와도 알아차릴 여유가 없다. 다만 옆에서 호법하는 선지식은 스스로도 이미 그 경계를 겪어내고 또 다른 사람들을 가르친 경험도 많기 때문에 보자마자 바로 안다. 그럴 때 잘못하고 있으면 지적하여 매섭게 다그치고, 바르게 들어갔으면 더 믿음을 내고 계속하도록 독려해준다.

회광반조가 잘 이루어지면 힘이 상당히 덜어지기 때문에, 학인은 마치 화두가 없어진 것처럼 착각하게 되는 경우도 있다. 혹시라도 거기서 '아이쿠, 화두가 어디 갔나? 혹시 이거 무기공無記空• 아닌가? 내가 왜 이렇게 됐지? 다시 화두 들어야 되는데…' 하는 생각이 일어나더라도 내버려두고, 그대로 잘 진행되고 있다는 것을 믿고 견뎌야 한다. 거기서 다시 이러쿵저러쿵 물결을 일으키거나 그림자를 만들어서는 안 된다. 처음부터 화두의심 속에서 비춰 들어간 입장을 그대로 수용하고 견지해야 한다.

또한 의정이 익어서 장님 같고 귀머거리 같아 일체 경계가 보이지 않고 들리지 않더라도, 아직까지 주관과 객관이 끊어지지 않았기 때문에 혼란스러울 수가 있다. 마군이 자꾸 장난을 쳐서 엉뚱한 데로 끌고 가려고 하기 때문이다.

이럴 때 내면에서 일어나는 경계는 바깥에서 방해하던 때보다 더 힘들다. 숨통이 콱 막히고 겁이 나서 화두고 뭐고 털컥 집어던지고 싶어질 수도 있다. 그래도 걱정하거나 놀라지 말고 일을 마칠 때까지 화두를 믿고 참고 견뎌야 한다.

참선하는 납자는 죽어서 살아나지 못할까 두려워하지 말고, 오직 살아만 있고 죽지 못할까 두려워해야 한다. 그리고는 결단코 의정疑

• 아무런 생각이 없이 멍하니 흐리멍덩한 마음상태. 수행 중에 마음이 고요하기만 하고 밝게 깨어 있음이 없으면 무기공에 빠진다. 지눌 스님은 〈권수정혜결사문勸修定慧結社文〉에서 "마음이 밝게 깨어 있는 성성惺惺의 상태로써 무기공을 다스리고, 고요한 적적寂寂으로써는 분별하는 가지가지 생각을 다스려라"고 말했다.

情과 완전히 하나가 되어야 한다.

그렇게 되면 들떠 움직이는 경계가 굳이 떨어버리려 하지 않아도 저절로 떨어지고, 허망한 마음도 억지로 맑히려 하지 않아도 자연히 맑아진다. 그리하여 육근이 자연히 텅 비어 자유로워진다. (…)

의정이 막 일어나서 놓고 싶어도 놓을 수 없게 되면, 이것이 깨달음으로 가는 길이다.

《참선경어》

오직 화두를 놓치지 않고 있다는 믿음으로 들어가서, 처음부터 끝까지 유지해야 한다. 여기까지 와서 뒤집어지면 모든 것이 수포로 돌아간다.

의정이 익어 저절로 회광반조廻光返照가 되는 입장에서도 번뇌 망상은 여전히 일어난다. 이때도 이전과 마찬가지로, 그것을 없애고 공부하려고 하지 말고 동행해야 한다. 번뇌에 관심 가지지 말고 일어나는 대로 내버려두고, 화두의심에만 집중해야 하는 것이다.

이곳에서 만약 반야에 깊이 들어가면 저쪽 세속의 일은 굳이 배척하지 않아도 모든 마구니와 외도들은 자연히 항복할 것이다. '설은 것은 익게 하고 익은 것은 설게 하라'는 말이 바로 이것이다. 공부하는 일에 주도권을 잡으면 점점 힘이 덜 들게 되는데, 문득 이것이 힘을 얻는 것임을 자각하게 될 것이다.

《서장》

의정이 동정動靜 가운데에 하루 종일 흩어지지도 않고 급하지도 않고 느슨하지도 않아서 저절로 나타날 때, 즉 어떤 경계가 일어나더라도 마음이 편안한 가운데서 잘 진행되면 호처好處에 들어가게 된다. 자연스럽게 들려진 그 화두를 믿음을 통해서 호지하고 그대로 비춰보면 화두가 저절로 익어간다. 그 상태를 비유하자면 호흡하는 것과 같다. 하루 종일 자연스럽게 숨을 쉬는지 안 쉬는지도 모르게 그냥 호흡하고 있는 것처럼, 화두의심이 그렇게 알게 모르게 진행되면 공부의 가장 요긴한 호처에 들어간 것이다.

이때는 머지않아 스스로 밝아질 수밖에 없다.

4

안과 밖이 뭉쳐 의단이 독로해야

1. 금강권과 율극봉

의심이 의정 되고, 그 의정이 다시 완전히 똘똘 뭉치면 마침내 의단疑團된 입장에 나아가게 된다. 거기서는 가슴이 꽉 막혀서, 마치 독약에 중독된 것처럼 벗어나지 못한다. 그런데 어떤 경우에는 처음부터 의단이 생겨 크게 의심할 수도 있다.

> 의심하고 의심하여 안과 밖이 한 조각이 되면, 온종일 털끝만치도 빈틈이 없어서 가슴에 뭉클한 것이 독약에 중독된 것과 같다.
>
> 또 금강의 감옥[金剛圈(금강권)]에 갇힌 것 같고 밤송이[栗棘蓬(율극봉)]를 삼켜 꽉 내려가게 하는 것 같이 하여, 평생의 갖은 재주를 다 부려서 분연히 힘쓰면 자연히 깨칠 곳이 있을 것이다.
>
> 《선요》

'금강권'은 가슴에 의심덩어리가 꽉 뭉쳐서, 온몸이 감옥에 갇힌 것처럼 짓눌리는 것을 말한다. 그때는 사방에서 강한 기운이 내리누르니, 그야말로 죽을 지경인 것이다. 빠져나갈 길은 없지, 위에서는 막 타고 누르지, 그것을 딛고 일어나려니까 힘은 없지, 거기서 포기하면 깔려 죽겠지 등등 정말 어떻게 할 수도 없고 안 할 수도 없는 그런 입장이 벌어지는 것을 말한다.

'율극봉'은 의정이 뭉쳐져서 목구멍에 밤송이처럼 걸린 것을 말한다. 그것이 목에 걸려 삼키지도 못하고 뱉지도 못하니 숨통이 막혀 갑갑하기 짝이 없다. 의심하면 할수록 꽉꽉 막히니까, 이러다가 숨도 못 쉬고 큰일나겠다는 두려움이 생긴다. 이 밤송이를 꾹 삼켜 내려가게 하고, 감옥으로부터 살아남으려고 애쓰다 보면 어느덧 시공간이 끊어진 것 같은 경계로 들어간다. 이때가 의단疑團 독로獨露하고 있는 상태이다. 다른 잡스러운 것들이 들어오지 못하고, 오직 화두의심으로 인연된 의단만이 홀로 드러나게 된다. 이럴 때, 번뇌 망상이 조금 일어난다 하더라도 내버려두고 의단이 독로하고 있다는 믿음을 가지면 된다.

> 진정하고 절실하게 공부하려면 자기 심신과 바깥세계를 불에 구운 쇠말뚝처럼 만들어야 한다. 그리고는 그것이 갑자기 폭발해서 끊어지고 부러지기를 기다렸다가 다시 그것을 주워 모아야만 비로소 공부가 되었다 할 것이다.
>
> 《참선경어》

화두 공부가 익어 의단이 독로하게 되면, 눈이 있어도 봉사 같고 귀가 있어도 귀머거리 같이 된다. 길을 걸어가도 걷는 줄을 의식하지 못하며, 앉아 있어도 앉아 있는 줄 모를 정도로 집중하고 있게 된다.

한 덩어리 의심 뭉치가 형성되어서, 이러지도 못하고 저러지도 못하는 입장 속에서도 의심만 지속되는 시간을 보내게 된다. 이런 상태에서는 이미 자기가 있는 줄도 모르므로, 남을 의식하지도 못한다. 몸과 마음이 온통 의심덩어리 하나뿐이다. 이 일을 끝까지 가보지 않고서는, 그 상태가 해결될 기미가 보이지 않는다. 그렇기 때문에 꽉 뭉쳐서 한 덩어리가 되어 숨쉬기조차 어려울지라도, 끝까지 버텨야 된다.

> 만일 이 일을 논한다면 만 길 되는 높은 산에 오를 때 한 걸음 한 걸음 정상에 오르되, 오직 몇 걸음 남았는데 절벽이어서 손으로 잡고 발을 붙일 곳이 끊어진 것과 같다.
> 이 속에 이르러서는 순 강철로 쳐서 만든 이라야 목숨을 버리고 몸을 버리며, 왼쪽으로 보고 오른쪽으로 보아서, 보아 오고 보아 가며 오르기를 기약할 것이다.
> 비록 천생 만겁의 만 가지 어려움과 천 가지 마군을 겪더라도 이 마음과 이 뜻은 더욱 굳고 더욱 강해질 것이지만, 만일 근본이 진실하지 못한 평범한 무리라면 어찌 절벽을 바라보는 데에 이르겠는가. 바람 소리만 듣고도 물러날 것이다.
>
> 《선요》

정상 바로 아래에까지는 도달했는데, 진퇴양난進退兩難의 험한 꼴을 당한 것과 같다. 나아가려니 앞이 막혔고, 물러서려니 이미 길이 끊어졌다. 여기서 두려움에 굴복하여 포기하면 안 된다. 끝낼 수 있을 때 끝을 보아야 한다.

더 어떻게 해보려고 해도 할 수 없는 입장에 처하면, 거기서는 목숨 버린다고 해서 버려지지 않는다. 더 새롭게 거듭날 수 있는 인연만 남았다.

그런데 당장 눈앞에 보이는 것이 너무 험악하다 보니, 이 문제가 해결되리라고 도저히 믿어지지가 않는 것이다. 숨이 콱콱 막히고 죽을 지경이라서, 설사 독한 의지가 있다 하더라도 겁먹기 일쑤다. 그런 어려움 속에서 마군이 수없이 장난을 쳐서 방해할지라도, 화두에 대한 믿음 하나만 가지고 뚫고 나가야 한다. 반드시 이겨내게 되어 있다. 억겁의 무명 칠통을 부수는 일이 결코 쉬운 것은 아니다.

다행히도 화두話頭 하나가 이 모든 과정을 뚫고 나가게 해주기 때문에, 이 화두법이야말로 인류 정신문명의 보물이라고 감히 말하는 것이다.

온 정성을 기울여 화두 하나를 잡들면, 의심이 의정으로 나아가고 의정이 의단으로 나아가서 독로하게 된다. 자기도 모르는 사이에 마치 완벽하게 팽이가 도는 것처럼 동정일여動靜一如 속에 들어가는 것이다. 이때는 어느 순간 자기도 모르게 동정일여, 몽중일여夢中一如, 오매일여寤寐一如가 진행된다. 앉으나 서나, 오나가나, 나아가 꿈속에서도 화두가 주재되고, 아주 깊은 잠에 들었을 때도 화두가 그대로 일여할 것이다.

놓으려 해도 놓을 수 없고 들려고 한다고 더 잘 들려지는 것도 아니다. 그대로 화두의심 끝에 아주 명징한 데 이르러서, 그런 깨끗한 곳에서도 화두가 여법하게 들려지고 있다. 그러다가 어느 순간 시절인연 따라서 홀연히 깨치게 된다.

꽉 갇힌 감옥 속에서 어떻게 하면 살아남을까? 거기서도 처음부터 해온, 그 답 찾는 일만 견지해야 한다. 이제는 한순간에 벽이 무너질 인연만이 남았다. 최선을 다해서 곰처럼 우직하고 소처럼 미련하게 견뎌내야 하는 것이다.

진정 살아날 길이 없다면, 어떻게 조사들이 이 길을 권했겠는가? 다만 이렇게 공부를 지어가다 보면, 시절인연 따라 은산철벽이 저절로 무너지는 것이다. 도저히 무너지지 않을 철벽 같은 장벽이, 화두話頭라고 하는 밋밋하고 아무 맛도 재미도 없는 것에 의해서 무너진다.

경계현상은 재미있지만, 화두는 철만두와 같아서 아무런 맛도 재미도 없다. 아무리 씹어도 이빨이 들어가지 않는다. 그 '몰자미沒滋味'에 의해 재미를 추구하는 분별망상이 다 녹아나는 것이다.

따라서 재미없는 화두야 말로 번뇌 망상의 해독제다. 번뇌 망상의 생사심에 시달려온 지난 세월에 치가 떨리는 사람이라면, 끝까지 화두만이 나를 온전한 정토로 이끌어주는 안내자임을 믿어 의심치 말아야 한다. 모든 방해는 천하의 명약인 화두話頭가 알아서 해결해준다.

은산철벽에서는 도저히 빠져나갈 길이 보이지 않으니, 별 생각이 다 치성하게 일어난다. 이럴 때 이런저런 모든 생각을 화두라는 용광로 속에 던져 넣어서 다 태워버려야 한다.

화두의심을 놓치면, 어떤 불보살님도 도와줄 수가 없다. 화두 놓치면, 죽은 목숨과 같다.

나아갈 데까지 나아가서 더 이상 마음 쓸 수 없는 곳, 만길 낭떠러지 같은 곳, 물이 다하고 산이 다한 곳, 거기에 이르면 백척간두에 진일보하는 입장만 남게 된다.

이럴 때 더 이상 나아갈 수 없는 장대 끝에서도 한 걸음 더 나아가야만 된다. 끊어지지 않는 데서도 포기하지 말고 끝까지 포기하지 말고 끊으려고 해야 한다. 그렇게 하지 않고서는 근본 문제를 해결할 수 없다.

2. 정중동의 입장에서도 화두만 잡들어라

처음 화두를 들 때는 기운이 거칠다. 마치 팽이를 돌릴 때, 처음에는 거칠게 다뤄야 하는 것과 같다. 팽이가 돌지 않으니, 채로 사정없이 후려치는 것이다. 그렇게 거친 가운데 점점 미세한 기운이 일어나는 법이다.

팽이를 자꾸 치다 보면 동중정動中靜으로 깊이 들어간다. 제대로 된 의심을 끝까지 밀어붙이다 보면 점차 조밀해지면서, 어느덧 동중정이 정중동靜中動으로 바뀌는 상태에 들어가게 된다. 이것이 화두 공부상의 호처好處다.

점점 화두의심이 정밀해지는데, 마침내 간격도 없어져 가는 티끌조차도 세울 수 없는 그런 인연에 들어가게 된다. 의심하고 의심해서 더 의심할 수 없는 그런 곳에 이르면, 문득 의심이 사라진 것 같을 수도 있다. 사실은 의심이 없어진 것이 아니라, 더 큰 의심으로 승화된 것이다. 의심疑心은 분별심을 녹이는 것이므로, 진정한 의심일수록 무심無心에 가까워진다. 의단이 독로하게 되면 마치 화두가 사라지고 없어진 것 같이 느껴질 때도 있지만, 사실은 없어진 것이 아니다.

비유하자면, 하루 종일 떠 있던 해가 밤이 되면 사라진 것 같지만, 실제로는 사라진 것이 아니라 단지 지평선 저쪽으로 넘어간 것과 같다. 아침이 오면 해는 반드시 다시 떠오른다. 또한 마치 거친 풍랑 속에서 잠시 배가 없어진 것처럼 보이지만, 실제로는 사라지지 않은 것과 같다. 선장이 나아가려고 하는 방향을 놓치지 않고 키만 분명하게 잡아 계속 밀어붙이면, 배가 뒤집혀서 난파되지 않는 한 반드시 목적지에 도달한다.

혹시라도 여기서 "아, 화두가 없어진 것 아닌가?" 이렇게 혼자 착각하는 어리석은 짓은 하지 말아야 한다. 오직 지금까지 해오던 대로 화두 일념을 지속해야 한다. 그러다 보면 풍랑이 사라지고 이윽고 맑고 고요함이 나타나면서, 배는 어느새 항구에 가까이 다가와 있다.

의심이 사라진 것처럼 느껴질 때에도, 멈추지 말고 믿음을 가지고 의심을 지속해야 한다. 그러면 시절인연에 따라 깨달음의 인연이 열리게 될 것이다.

> 그럴 때에 더욱더 정념正念을 가다듬어, 부디 두 생각을 하지 말라. 점점 지혜의 빛을 연마하고, 차차 미혹의 습기를 도태시켜 나가라. 심오한 이치를 다하고, 지극히 미묘한 경지에 이르러야 한다.
> 한 털끝 위에 몸을 두라. 외롭게 뛰어나고 우뚝하게 드높아, 움직이지도 않고 흔들리지도 않아야 한다. 감도 없고 옴도 없으며 한 생각도 나지 않아 앞뒤가 뚝 끊어지면, 이로부터 번뇌가 단박 쉬어지고 혼침과 산란이 없어질 것이다.
> 다녀도 다니는 줄 모르고 앉아도 앉는 줄 모르며, 추워도 추운 줄 모르고 더워도 더운 줄 모르며, 차를 마셔도 차 마시는 줄 모르고, 밥을 먹어도 밥 먹는 줄 모르며, 온종일 어리석은 듯하여 흡사 진흙으로 만든 인형이나 나무로 깎은 등상과 같게 되리라. 그러므로 장벽과 다름없다고 하였다.
> 막 이러한 경계가 앞에 나타나면, 바로 집에 이른 소식이라 결코 거리가 멀지 않으니라. 잘 붙들고 꼭 잡고서 깨달을 시각만 기다릴 뿐이다.
>
> 《선요》

이렇게 화두가 익어서 공부가 잘 될 수 있는 입장에 가까이 다가갔으니 이제 방해가 없을 것 같지만, 이런 데서도 아주 미세한 방해가 자기도 모르게 감쪽같이 들어와서 공부를 방해한다. 그렇다 하더라도 화두의심을 놓치지 말고, 처음부터 끝까지 믿음을 가져서 결과가 얻어질 수 있을 때까지 최선을 다해야 한다. 독해야 된다. 한번 든 그 의심을 끝까지 놓치지 말아야 한다.

어떤 방해가 어떻게 교묘하게 올지라도 오직 면밀하게 의심만을 들어야 한다. 비록 방해에 속아서 자기도 모르게 나가떨어지더라도, 물러서지만 않으면 공부 인연이 무르익는다.

수시로 실패가 되풀이되는 과정 속에서도, 마음을 가다듬고 어떻게든 화두의심을 견지해나가야 한다. 그 와중에 혹시라도 옛 스님들이 겪었다는 경계가 생각나도, 깨달음을 기대하지 말고 화두만을 비춰보아야 한다.

의단이 독로 되어 정중동에 들어가면, 마침내 번뇌 망상이 붙을 수가 없게 된다. 꼼짝하지 않는 팽이처럼 얼마나 빨리 돌아가는지, 건드리면 다 튕겨져 나간다.

이렇게 온몸으로 믿어 의심치 않는 모습으로 의기에 의기를 더해 최선을 다한 끝에, 사람과 경계를 동시에 잊는 순간을 맞이하게 된다. 이럴 때 마치 형상은 마른 나무, 썩은 나무둥치 같으며, 오로지 그 일 외에 또 다른 일을 할 수 있는 형편이 아니다. 다만 그저 그렇게 시간을 보내고 있을 뿐이다.

들려고 안 해도 스스로 화두가 들려진 끝에 완전히 정중동의 입장이 되었을 때에는 전과 같지 않다. 아주 맑고 깨끗하며, 꿈속에서도 화두가 들린다. 내가 들려고 해서 들리는 것이 아니다. 어쩌다 꾸는 꿈속에서 화두가 들려지는 것을 느낄 정도로 화두와 한 몸이 된 것이다. 그러면 그럴수록 최선을 다해서 화두를 더 정밀하게 이어가도록 해야 한다. 깨달음을 기다리지 말고, 그대로 화두를 들고 공부해 들어가야 된다.

이렇게 동정 가운데 끊어지지 않도록 화두를 계속해서 잡들어 들어가면, 자연히 쓸데없는 경계는 맴돌다가 다 사라져버린다.

공부 인연이 쭉 지속되며, 머지않아 큰 변화가 일어나게 되어 있다. 이 힘으로 어리석음을 깨뜨릴 수 있는 기회가 생긴다. 곧 발명發明할 인연만 남았다. 이렇게 묵연히 지속하다 보면, 결국 묘한 도道를 자각하게 될 것이다.

그때까지는 참고 견디고 기다려야 한다. 다른 경계 현상이 일어나지 않고, 맑고 고요하고 깨끗한 자리에서 그대로 화두가 들려진다. 시절인연이 더욱 가까워진 것이다. 이렇게 공부할 수 있는 인연을 눈 열었을 때, 비로소 깨달을 수 있는 기회가 다가온다.

완전히 쉬어버려 화두가 끊임없이 면밀하게 이어져 나가 공부가 점점 한 덩어리가 되면, 마치 가을날의 호수처럼 깨끗해서 설사 바람이 불어 물결이 일어나도 그 물결마저도 맑게 된다. 거기서 생각이 일어나거나 꿈을 꾼다 하더라도 아주 또렷또렷하게 다 기억날 정도로 맑은 것이다.

그렇지만 '보리 열반이 번뇌 망상과 둘이 아닌 한 덩어리의 입장'까지 자각할 수 있는 길은 아직 '무심도 한 겹의 간격이 벌어졌다' 하듯이 남아 있다. 따라서 거기서도 화두의심을 계속해야 하는 것이다.

> 참선하는 납자는 고개를 쳐들어도 하늘을 못 보고 고개를 숙여도 땅을 보지 못하며, 산을 보아도 산으로 보이지 않고 물을 보아도 물로 보이지 않아야 한다.
> 또한 길을 걸어가도 걷는 줄을 의식하지 못하며, 앉아 있어도 앉아 있는 줄을 몰라야 한다. 많은 인파 속에서도 한 사람도 눈에 보이지 않아야 한다.
> 그리하여 몸과 마음이 온통 의심덩어리 하나뿐이니 세계를 하나로 뒤섞어 놓았다 할 만하다. 이 의심덩어리를 깨뜨리지 않고는 맹세코 마음을 놓을 수 없으니, 이것이 공부에서 긴요한 일이다.
>
> 《참선경어》

그때 완전히 쉬어버려 화두의심이 있는지 없는지조차 모르는 것이 마치 옛 사당의 향로 같고, 입술 위에 곰팡이가 핀 것처럼 되어야 한다.

그럴 때 점점 번뇌 망상에 끄달리지 않고 화두만 오롯이 들어서, 맑은 물결까지도 사라지도록 견지해가면 시절인연이 가깝다.

> 고요함이 극치에 다다르면 곧 깨닫게 될 것이고, 맑음이 극치에 다다

르면 곧 통달하게 될 것이다. 기운도 맑고 바람도 맑으니, 동정의 경계가 마치 가을 하늘과 같을 때가 첫 번째 단계다.

곧바로 시기를 놓치지 말고 더욱 앞으로 나아가면, 마치 맑은 가을 들판의 호수와 같고, 오래된 절의 향로와 같아서, 적적성성하여 심로가 움직이지 않을 때, 이 환유의 몸이 인간 세상에 있는지 없는지도 알지 못한 채, 단지 화두가 끊임없이 이어져 가는 것만 보게 될 것이다.

여기에 이르면 티끌번뇌가 곧 쉬어질 것이며 지혜의 빛을 발하게 될 것이니, 이것이 두 번째 단계다. 그 길목에서 지각심을 낸다면 순일純一의 묘함이 끊어지게 될 것이니, 크게 해로운 것이다.

이와 같은 잘못을 범하지 않으면, 동중이나 정중에서도 한결같아서 자나 깨나 성성하여 화두가 늘 현전하게 될 것이다. 마치 물에 비친 달빛이 여울물결 속에서도 활발발한 것과 같다.

건드려도 흩어지지 않고 흔들어도 잃어버리지 않을 때, 가운데는 적적하여 흔들림이 없고, 밖에서 흔들어도 움직이지 않을 것이다. 이것이 세 번째 단계이다.

의단이 깨지고 정안正眼이 열리는 시절이 가까워졌다.

《몽산법어》

의정에서는 갑갑한 가운데 꼼짝할 수 없이 이어지던 상태가 의단독로가 되면 무심하니 담담해진다. 모든 경계가 자연히 순숙純熟해지는 것이다. 어디에도 걸림이 없는 것처럼 허허롭고, 화두의심이 아주 성성적적한 상태가 된다. 고인들은 이럴 때 "시절인연이 가까워졌다"고 말했다. 그렇게 텅 비어 깨달음에 가깝게 다가간 입장에서는, 독로된 의단이 역력하게 살펴지는 그런 시간을 갖게 된다. 맑고 고요하고 깨끗한 곳에서 화두가 성성하면, 그야말로 시절인연이 가까워온 것이다.

이처럼 정중동의 공부를 할 때도 조심해서 최선을 다해야 한다. 어쩌면 가장 힘들고 어려운 것이 정중동의 공부다. 이 공부에 들어가면 곧 꿈속에서도 공부가 이어지는 것은 순식간의 일이기 때문에, 그것은 시절인연 따라 분초를 다툰다.

하지만 여기서도 자칫 또 망상妄想이 일어날 수 있다. 이미 겪어서 그 경계를 맛보고 벗어난 선지식은 지금 겪고 있는 학인의 현상을 보고 주지시켜 가면서 조심하게끔 기회를 열겠지만, 그런 입장이 아니라 혼자라면 이것이 쉽지 않다.

본인이 처음 겪는 것인데, 이것이 옳은지 그른지, 잘 하고 있는지 못 하고 있는지를 어떻게 알 수 있을까? 그래서 선지식의 인도를 받아서 공부해 들어가지 않고서는 쉽지 않다고 말하는 것이다.

이렇게 화두를 들고 정중동의 동정일여動靜一如, 몽중일여夢中一如, 숙면일여熟眠一如, 오매일여寤寐一如 공부를 할 수 있는 인연에 나아가면, 번뇌의 경계는 들어오려고 해도 들어오지 못한다. 힘차게 의심되어지고 있기 때문에, 마침내 깊은 무명의 어둠까지도 깨뜨릴 수 있는 기회가 도래한 것이다.

때에 당해서 힘을 더 가하지 않는다 하더라도, 정신적인 벽을 깨뜨릴 수 있는 기회가 다가온다. 아주 맑고 고요하고 깨끗한 자리에서 화두 기운이 신령스럽게 작용하고 있다면, 깨닫지 못할 까닭이 없다.

생각이 앞뒤로 다 끊어졌을 때에는, 평소 습관대로 움직이지만 마치 송장처럼 의식이 일어나지 않는다. 바보 멍텅구리처럼 화두 의심 속에서 하루가 저물도록 그대로 순숙하게 익어간다.

이렇게 의심하고 의심하다가 한결같은 경지에 다다랐을 때, 문득 의단疑團이 깨지며 계합契合하게 된다. 오로지 그 일단의 일을 놓치지 말고 최선을 다해서 진행시키다 보면, 문득 짊어진 의단이 졸지에 탁 하고 터져나갈 것이다. 그때는 나무통의 테가 끊어졌을 때처럼, 의심뭉치가 터져나갈 것이니 얼마나 시원하고 통쾌하겠는가.

5

화두 참구 시의 병통

1 온갖 방해에도 화두에만 집중하라

2 화두의심이 강해지면 수마가 물러간다

3 망상은 내버려두고 화두에 전념하라

4 역경계는 화두 의지로 돌파하라

5 순경계에서 더욱 조심하라

6 고요함에 집착하면 무기에 떨어진다

7 식광을 깨달음으로 오인하지 마라

8 따로 익혀야 할 삼매란 없다

9 알음알이로는 칠통을 타파할 수 없다

10 육단심은 상기만 일으킨다

11 문제만 되뇌면 사구가 된다

1

온갖 방해에도 화두에만 집중하라

막상 화두를 들고 집중하게 되면, 방해가 엄청나게 일어난다. 팔만 사천 마군魔軍이 고비마다 늘 자리하고 있으면서 방해하는 것이다.

대개 부글부글 끓는 산란심이 마치 화산 폭발하듯이 터져나온다. 그 갈등이 통제 불능의 상태로 넘치기도 한다. 또한 시꺼먼 귀신굴이나 싸늘한 얼음굴 같은 혼침昏沈에 빠지기도 한다. 때로는 나아가기 힘든 역경계를 맞닥트리기도 한다. 그토록 힘들다가도 갑자기 고요해지는 순경계도 만난다. 이렇게 역순이 번갈아 다가오는 상황에 많이 혼란스러워진다.

이런 경계들은 모두 마군이 도를 방해하려고 지어내는 것이며, 학인으로 하여금 근본 모습을 등지고 엉뚱한 데 빠지도록 유도하는 것이다.

그런데 알고 보면 이런저런 경계 현상들은 다 자기가 지어낸 것이다. 크게 의심하고 크게 공부할수록, 마군의 방해도 따라서 커진다. 고봉원묘 선사는 이렇게 말했다.

> 어떤 때는 싸우는 것처럼 뜨겁게 소란하며, 어떤 때는 얼음처럼 싸늘하게 멍청하며, 어떤 때는 나귀를 끌고 우물에 들어가는 것 같으며, 어떤 때는 물길 따라 돛을 펴는 것과 같다.
> 이 네 가지 산란·혼침·역경계·순경계의 마구니가 번갈아 서로 해치므로 드디어 도를 배우는 사람으로 하여금 집을 잊고 살림을 잃게 한다.
>
> 《선요》

화두에 집중하고 있을 때, 거기에 달라붙는 어지러운 방해꾼들의 장난이 이런저런 모습으로 나타나더라도 그런 것에 끄달려 가면 안 된다.

중요한 것은 화두話頭만은 놓치면 안 된다는 사실이다. 화두의심만 성성하면 졸음도 사라지고 산란심도 끊어진다. 의심을 지어나가는 간화선의 생명은 오로지 화두에만 집중하는 것이다. 화두의심만 잡들어 견지해야지, 경계현상에 조금이라도 관심을 보이면 마군의 함정에 나가떨어진다. 그러므로 어떤 방해가 오더라도 관심을 가져서는 안 된다. 좋아하지도 말고 싫어하지도 말고, 그저 오거나 말거나 내버려두어야 한다.

쫓아가지도 말고 없애려고도 하지 말고, 생각이 일어나면 일어나는 대로 내버려둔 채 화두의심에만 집중해야 한다. 의식을 밖이 아니라 내면으로 돌이켜서, 화두 놓치지 않는 데 신경 써야 한다.

한 번 화두를 들면, 처음부터 끝까지 답 찾는 일을 놓쳐서는 안 된다. 그래서 처음부터 도저히 놓칠 수 없게끔 장치된 입장 속에 들어가는 것이 중요하다. 그래야 온몸과 마음이 화두와 한 덩어리가 되는 인연이 맺어진다. 눈 밝은 선지식을 만나 처음부터 그런 입장이 되도록 인연이 닿지 않으면, 수많은 마군의 방해를 이겨내기가 어렵다.

만일 마군의 유혹에 속아서 자칫 이상한 경계에 빠져 있으면, 자신도 모르게 마군의 권속이 되고 만다. 그래서 화두 공부의 첫 인연을 잘 맺어야 한다고 그토록 강조하는 것이다.

마군의 방해를 뚫고 목적하는 바를 성취하려면, 오직 화두의심만을 올곧게 지어나가는 수밖에 없다. 처음 화두를 믿었던 그 마음을 끝까지 견지해야, 제대로 익어져서 올바른 결과가 맺어진다.

선지식은 일단 의심이 돈발된 학인에게는 이렇게 극단적인 말까지 해준다. "화두 들고 의심하는 데는 불조의 말도 마군의 말이고, 내 말조차도 마군의 말이다. 부처가 오면 부처를 죽이고, 조사가 오면 조사를 죽여라. 어떤 것이 와도 다 쳐내라. 오직 화두의심만 지극하게 하라."

한편 어떤 의미에서는, 마군의 방해가 오히려 내 공부가 잘 진행되고 있다는 증거가 된다. 만일 화두를 참구하지 않고 밖에서 놀고 있다면, 산란·혼침·역경계·순경계가 올 리가 없다. 마군이 잘 놀도록 도와줘서 정신없이 즐기고 있을 것이다.

그러나 화두 공부가 잘 진행되면 결국 저들이 숨어 살고 있는 어둠의 영토가 사라지게 되니, 필사적으로 방해하는 것이 당연한 이치다. 자기 왕국인 무명 칠통이 깨지는 것을 좋아할 마군이 어디 있겠는가.

2

화두의심이 강해지면 수마가 물러간다

화두 참구를 할 때, 눈은 힘주지 말고 자연스럽게 떠야 한다. 화두의심에 나아가서 공부하면, 눈은 저절로 떠지게 된다. 눈 감으면, 자기도 모르게 망상 피우거나 혼침에 빠지기 쉽다. 화두의심이 약해지면 자꾸 수마睡魔(졸음)가 침범한다. 그때는 왜 수마가 오는지 정신 차려서 살펴봐야 한다. 몸이 피곤해서 자기도 모르게 조는 경우가 많다. 보다 근본적인 이유는 화두의심이 제대로 집중되지 않아서다. 몽산덕이 선사는 이렇게 말했다.

> 일단 수마가 오거든 이게 무슨 경계인지 마땅히 알아야 하느니, 눈꺼풀이 무거워지는 것을 느끼자마자 바로 정신을 차려서 화두를 한두 번 소리 내어 들어라.
>
> 수마가 물러가거든 종전대로 앉고, 만약 물러가지 않으면 일어나서

수십 보를 걷고 난 다음에 눈이 맑아지거든 앉아라.

《몽산법어》

수마에 침범 당하면 공부가 크게 방해받는다. 옛 스승들은 늘 수마가 깨달음의 가장 큰 장애라고 했다. 수마가 오려고 할 때, 앉은 자세를 반듯이 하고 화두의심에 더욱 집중해야 한다. 그래도 눈꺼풀이 자꾸 무거워지면, 자리에서 일어나 잠시 걷는 것도 괜찮다. 일어나 걸을 때도, 화두가 도망가지 않게 집중하면서 걸어야 한다. 노파가 어린애를 다루듯이 조심스럽게, 화두 놓치지 않고 의심하는 입장을 견지해야 한다. 그래서 정신이 맑아지면, 또다시 자리에 앉아서 화두를 챙기면 된다.

단정히 앉아 의심을 지어가는데도 수마가 자꾸 침범하거든, 이것이 어떤 경계인지 스스로 챙겨야 된다. 왜 이 수마가 오는가? 그것은 화두가 제대로 정밀하게 들려지고 있지 않아서다. 간절하고 정성스럽게 화두를 든다면, 졸음은 멀리 달아날 수밖에 없다.

공부 가운데 가장 큰 병폐가 혼침과 산란이다. 이 공부는 아무도 대신 해줄 수가 없다. 만일 화두를 제대로 붙들고 온몸으로 씨름하면, 혼침과 산란이 침입할 수가 없게 된다. 간절히 의심하면, 정신이 바로 설 수밖에 없다. 혼침이든 산란이든, 오직 화두만이 해결해준다.

만일 몸이 피곤해서 정 졸리면, 아예 그 자리에서 잠깐 누워 자는 것이 낫다. 그런데 얼마간 자다 보면 뭔가 깨우는 기운이 있을 것이다. 화두의심이 작용하고 있기 때문에 깨워주는 것이다. 그러면 다시 일어나서 단정히 앉아 화두의심을 지속하여 답을 찾으면 된다.

어쩌다 한번 극심한 피로가 와도, 앉아서는 5분 이상 졸면 안 된다. 졸리면 차라리 누워 자라. 얼마든지 누워 자되, 그 가운데도 자꾸 깨우는 기운이 있거든 더 이상 누워 있지 말라.

자려고 하는 기운과 깨우려고 하는 기운이 자꾸 부딪힌다. 부딪힐 적에 내 의지는 어느 편을 들어야 되겠는가? 자려고 하는 것을 버리고, 깨워주는 그 입장에 힘을 보태야 한다. 그때는 화두의심 속에 나아가서 끝을 보려는 믿음을 내고 일어나 앉아야 한다.

그래도 화두 수행 중에 수마가 자꾸 오면, 선지식에게 물어야 한다. 그러면 선지식은 화두의심이 더 강하게 들려지도록 분발시켜 준다.

일단 화두가 아주 강하게 챙겨지면, 들려고 하지 않아도 들려지고 놓으려고 해도 놓아지지 않는다. 그런 입장이 되면, 아무리 오라고 불러도 수마가 오지 않는다. 수마를 극복하는 비결도 오로지 답만을 찾는 것이다.

3

망상은 내버려두고 화두에 전념하라

공부할 때 번뇌 망상이 일어나면, 그것은 오히려 공부가 잘 진행되어가고 있다는 증거다. 공부가 바른 방향으로 나아가니, 그것을 방해하려고 망상이 일어나는 것이다.

학인은 번뇌에 대처하는 방법을 잘 알고 있어야 한다. 공부가 진행되면, 누구에게나 망상은 일어나게 되어 있다. 그렇지만 아무리 일어나도, 그냥 내버려두면 그만이다. 그런데 망상하고 싸워서 어떻게 해보려고 하니, 결국 망상에게 지는 것이다. 대혜종고 선사는 이렇게 말했다.

> 문득 번뇌 망상을 느낄 때 힘을 붙여 배척하여 보내지 말고, 다만 의심하는 곳에 나아가서 얼른 화두를 돌이켜라. 그러면 한없이 힘을 덜고 또한 무한한 힘을 얻을 것이다.
>
> 《서장》

일어나는 잡념에 대처하는 방법은 '상대하지 않는 것'이다. 없애려고 해서는 안 된다. 망상과 싸워서 이기는 장사는 없다. 이기는 방법은 오로지 무관심이다.

아무리 역순 경계에서 온갖 방해들이 일어나더라도, 함께 동행해야 한다. 안에서 일어나든 바깥에서 일어나든, 모든 일련의 경계에 대해서 아랑곳하지 않아야 한다. 일어나는 잡념과는 다투거나 없애려고 하지 말라.

몽산덕이 선사는 이렇게 말했다.

> 혹시라도 잡념이 어지럽게 일어나면 절대로 잡념과 다투어서는 안 된다. 다투면 다툴수록 잡념들이 더 급하게 일어나게 될 것이다.
> 많은 사람들은 이 상황에서 진퇴하는 방법을 몰라서 벗어나지를 못하고 미치광이가 되어 일생을 망쳐버린다. (…)
> 한 생각이 일어나고 사라지는 것을 생사라고 한다. 생사가 일어날 때 반드시 힘을 다하여 화두를 잡들어야 한다. 화두가 순일하면 일어나고 사라지는 것이 그치게 될 것이다.
>
> 《몽산법어》

잡념은 도깨비와 같아서 맞붙어서는 도저히 이길 수 없다. 실체가 없는 것과 상대하다가는 또 다른 잡념만 더 만들어낼 뿐이다. 도깨비는 제풀에 꺾어지도록 하는 것이 제일 좋다. 그런데 망상이 일어날 때, 내버려둘 수 있는 힘이 약한 것이 문제다. 망상이 요변을 떨듯이 희한한 모습으로 나타나고 갈등하게 만드므로, 자기도 모르게 끌려가고 마는 것이다.

아무리 "내버려둬라" 하는 말을 들었어도, 번번이 망상과 씨름하고 있는 자신을 발견하고 학인은 한숨을 쉬게 된다. 그럴 땐 호법을 서주는 선지식에게 이 사실을 묻는 것이 좋다. 온갖 방해 속에서도 학인이 해야 할 일은 오직 화두 드는 일뿐이다. 이렇든 저렇든 관계하지 말고 오로지 화두에만 집중하라. 잡념에 끄달리면, 화두 집중하는 힘이 흩어진다. 그러니 오로지 화두의심만 해야 한다. 박산무이 선사는 이렇게 말했다.

> 삿된 마의 침입을 받지 않으려거든 오직 온몸으로 진리에 들어가기만 하면 될 뿐, 억지로 쫓아내거나 보호하려 하지 말아야 하니, 망상이 다하면 마의 경계는 스스로 다하게 된다. (…)
> 참선에는 망상을 다스리지 말지니 망상을 다스리는 바로 그것이 장애가 된다. 아름다운 고래를 잡으려거든 파도 결이 어떤지가 무슨 상관이리오.
>
> 《참선경어》

처음 온몸으로 잡들어진 그 의심을 끝까지 호지하고, 그 외에 다른 것은 살필 필요가 없다. 예를 들어 뭔가 시꺼먼 게 덮친다든지, 혹은 유혹이나 환희로운 마음이 생기는 등 화두 집중을 방해하는 온갖 일들이 일어난다 하더라도, 학인이 해야 할 일은 오직 화두를 놓치지 않고 집중하는 일이다.

번뇌에 대처하는 요령은 간단하다. 번뇌가 있을 때든, 그런 것들이 사라지고 맑고 고요한 경계 속에서 화두를 지어가든, 어떻게 되었든지 간에 답 찾는 일에만 집중하는 것이다. 의심되어진 그 일만 계속해서 지어가야 한다.

만일 그래도 집중이 안 된다면, 그것은 활구를 들지 않았기 때문이다. 활구의심이 돈발하면, 구태여 노력하려고 하지 않아도 집중할 수밖에 없다. 그렇지 않고 억지로 붙들어서 마구잡이로 하려고 하면, 공부가 제 길로 가지 않는다.

화두길을 바로 알고 공부하는 것이 대단히 중요하다. 안거를 맞아 공부길을 제대로 모르는 채로 대중 가운데 들어가서 혼자 공부한다면, 대부분 실패해서 좌절감만 더 생기게 된다. 차라리 시작하지 않는 것만 못하다.

화두를 들고 시간이 갈수록 번뇌가 자꾸 방해하게 마련인데, 그것을 이겨낼 수 있는 방법을 모르고 시간을 보내다 보면, 번뇌에 시달리다가 평생을 망치기 쉽다. 자꾸 번뇌 망상에 나가떨어지게 되면, 선지식을 탐문하든지 공부를 처음부터 다시 하라. 공안 상에 나아가서 공안을 한번 상기하고, 거기서 살펴진 화두의심이 제대로 진행되고 있는지 안 되고 있는지를 먼저 점검해야 한다.

사실 화두 참구상의 모든 병통은 첫 단추를 잘못 끼워 발생한 것이다. '그 첫 단추를 언제, 어디서, 누구한테, 어떻게 끼워 가지고 의심하고 있느냐?'라는 이 일단의 일이 중요하다. 이것을 제대로 하지 않았기 때문에, 번뇌 망상이 치성하는 것이다. 처음부터 의심의 낚시 바늘이 정확하게 걸리면, 번뇌 망상이 맥을 못 춘다. 공부가 화급해지기 때문이다.

어쨌든 온갖 방해가 오더라도 흩어지지 않고 화두를 들게 되면, 점점 더 화두의심이 커지면서 집중된다. 그렇게 집중되었을 때만이 화두가 흩어지지 않는다. 그렇게 화두가 성성하게 들려지면, 해오던 대로 그대로 밀고 나가면 된다. 그렇게 화두에 전력으로 집중할 때, 공부 인연이 가까워진다.

간화 공부하는 학인의 할 일이란 오직 화두의심에만 집중하는 것이다. 처음부터 바짝 고삐 잡은 화두에 집중하는 일을 그대로 계속하는 것이 최선의 방법이다.

간화선은 번뇌 망상을 없애지 않는다. 있으면 있는 대로 없으면 없는 대로, 그대로 화두 참구에만 집중해서 밀어붙이게 한다.

4

역경계는 화두 의지로 돌파하라

화두의심을 하는 학인은 오로지 의심을 지어가는 데 집중해야 한다. 이 몸 가지고 나와서 매일매일 전도몽상 속에서만 살아왔으니, 마가 강하고 법이 약할 수밖에 없다. 그런데도 그대로 방치하고 세월만 보내다가, 이제 와서 공부해보려고 하니 어찌 역경계逆境界가 강하지 않겠는가? 마군이 이 공부를 필사적으로 방해하는데, 그것을 뚫고 나가려니 힘들어 죽을 지경이다. 온갖 경계가 일어나서 깨달음으로 나아가려는 노력을 방해하니, 도대체 어떻게 해볼 도리가 없을 정도로 힘들어진다. 고봉원묘 선사는 이렇게 말했다.

물살 거센 여울에 작은 배를 대려면
밧줄을 아무쪼록 단단히 잡으라.
별안간 밧줄이 끊어져 회피하기 어려우면

곧 온몸에 피가 터져 흐르리라.

《선요》

역경계를 이겨내기 위해서는 오직 화두의심에 집중할 수밖에 다른 도리가 없다. 그냥 온 생명을 걸고 최선을 다해 잡아채야 한다. 앞뒤 돌아보지 말고 온몸으로 부딪혀서, 법法의 무서움을 마군에게 보여줘야 한다.

화두 공부할 때, 자기도 모르는 무명 업식이 나타나 앞을 가리고 덤비면서 방해를 할 것이다. 겁내지 말고 선지식에 의지하여 화두의심에 몰두하라.

망상이 일어나고 잡념이 생겨 방해하는 것도 오히려 지금 화두 공부가 바른 길로 나아가고 있다는 사실을 증명해준다. 화두를 들지 않았다면, 이런 힘든 상황이 벌어지지도 않을 것이기 때문이다. 아무리 힘들어도 오직 화두만 지어나가면, 그 힘이 모든 어려움을 극복하게 해준다.

역경계를 만나면, 천군만마 속에 필마단기로 돌진해서 죽는 것을 두려워하지 않고 부딪혀 싸우는 것처럼, 화두에 더욱 집중해야 된다. 그때는 화두 기운이 들려지고 안 들려지고를 살펴볼 시간적 여유조차 없다. 적진을 뚫고 들어가려고 하면, 수많은 적이 앞을 막아서서 덤빈다. 앞뒤 돌아보지 말고 오로지 최선을 다해서 싸울 뿐이다.

죽기 살기로 적진에 뛰어든 사람은, '이렇게 날아오는 것은 이렇게 피하고, 저렇게 날아오는 것은 저렇게 피한다'고 생각할 겨를이 없다. 한 생각 떠올리면 벌써 멀어지게 된다. 어떻게 싸우고 피하는지도 모른 채 종횡무진 정신없이 밀어붙여야 한다. 그래야 조금이라도 역경계를 뚫고 올라가는 기운이 생기지, 그렇지 않으면 떠밀려 내려가서 허망한 꼴을 면할 수가 없다.

화두를 들었을 때, 의심하려고 하면 할수록 오히려 더 안 될 때도 있다. 최선을 다해서 노력을 해도 안 되니, 이럴 땐 포기하고 싶은 마음이 일어나기도 한다. '난 안 되는구나. 이렇게 하는데도 안 되면, 대체 어떻게 해야 되나?' 이런 허망한 생각과 감정이 자꾸 덮치면서 공부를 방해한다. 그래도 용맹스럽게 화두 의지 속에 들어가야 한다. 한 번 밀어붙이면 열 번 밀려가고, 열 번 밀어붙이면 백 번 밀려가더라도, 떠밀려가는 것은 계산에 넣지 말고 오직 밀어 올리는 것만 생각하라. 화두 공부 중에는 밀어 올리는 것만이 유효하기 때문이다.

화두 놓치고 안 놓치고를 두려워하지 말라. 그냥 사무치도록 최선을 다해서, 악 다물고 화두에만 집중하면 된다. 어떤 방해가 덮치더라도 상관하지 말고 답만 찾아야 한다. 그것만이 집에 이르게 하는 소식이다.

공부가 안 된다고 포기하지도 말고, 된다고 또 허망한 생각을 일으켜서도 안 된다. 되고 안 되고는 내맡겨 두고, 선지식의 '화두의 심만 놓치지 말라'는 가르침에 사무쳐야 한다.

설사 바다까지 떠밀려가서 힘도 다 빠지고 아주 어떻게 해볼 수 없는 지경에 이르러서도, 오직 정신력으로 버티면서 밀어 올리려고 해야 한다. 어떻게든지 물결을 따라 거슬러 올라가려고 하는 뱃사공 같은 의지와 노력으로 마음을 살펴 쓰지 않으면 안 된다. 이렇게 마음을 쓴다면, 왜 집에 이르지 못하겠는가?

역경계가 강해지면, 숨이 턱턱 막힐 정도로 힘든 경우가 생길 수도 있다. 학인이 "아이쿠! 심장이 터질 것 같습니다" 하고 하소연해오면, 선지식은 "아직까지 터지지 않았는데, 뭘 그렇게 겁을 내고 조바심을 내느냐? 끝까지 밀어붙여라. 터지든 말든, 무슨 일이 일어나더라도 내가 호법護法하니 걱정하지 말고 밀고 나가라. 끝까지 견뎌내어 그 결과 여하를 직접 확인하라!"라고 더욱 격발시켜준다.

선지식은 공부의 과정과 결과를 이미 겪어봐서 잘 알고 있기 때문에, 역경계에서 더 깊이 들어가도록 밀어준다. 이 공부 중에 역경계를 안 만나고 지나갈 수 있으면 더 좋겠지만, 뜻밖에 힘든 경우를 만났다 하더라도 올곧게 밀어붙여야만 한다. 화두 공부상의 역경계는 공부가 잘못된 것이 아니라, 으레 겪어야 하는 과정이라고 생각하면 된다. 그러므로 그 순간을 잘 견뎌내야 바람직한 결과를 얻을 수 있다. 처음 겪는 일이어서 어리둥절할는지는 몰라도, 최선을 다해서 밀어붙인다면 그 속에 훤출히 벗어날 기회가 반드시 올 것이다.

평생토록 의식을 밖으로 향해서 대상을 구하기 위해서만 달려왔는데, 처음으로 본원을 향해서 역류逆流하려니, 힘이 들 수밖에 없다.

화두 참구는 의식의 흐름에 역류하는 것이다.

5

순경계에서 더욱 조심하라

처음에는 거칠게 화두를 들다가 점점 더 정밀하게 해서, 그 정밀이 극에 달해 미세한 곳까지 나아가야 한다. 화두를 들고 있는지 그렇지 않은지조차 모를 정도로 화두의심 속에서 시간을 보낼 때, 공부가 순일하게 익어가는 것이다.

화두가 잘 들릴 때는 용쓰면 안 된다. 그대로 내버려두고 비춰봐야 한다. 팽이가 완벽하게 돌 때는 힘써서 칠 필요가 없듯이, 잘 돌고 있는 것을 쳐버리면, 도리어 고요한 경계가 흩어지게 된다.

역경계를 넘기고 순경계順境界로 들어갈 때는 정定에 든 것처럼 살펴지게 된다. 여기에 이르러서 용을 쓰면 다시 흩어지기 때문에 조심해야 한다. 혹시 다시 비실비실하고 그 움직임이 떨어지면, 그때는 또 쳐서 완벽하게 돌도록 해야 한다. 마침내 팽이가 완벽하게 돌 때는 그대로 내버려둬야 한다.

이때는 미세한 번뇌 망상이 나타나든 사라지든 상관하지 말고, 시간을 보내다 보면 시절인연이 가까워진다.

아주 큰 가마솥으로 물을 끓이려고 할 때, 처음에는 장작을 집어넣고 풀무질을 계속해야 한다. 이때는 힘이 드는 게 당연하다. 그러다 90도쯤 가서 부글부글 끓는 모습이 나타났다 하더라도, 아직은 완전히 끓는 것이 아니다. 마침내 100도로 끓어넘치면, 김도 한숨 잦아들고 부글부글한 모습도 가라앉는다. 용을 쓰다가 한고비를 넘기고 난 뒤에는, 무심하게 비춰봐야지 거기서 과욕을 부려 무리하면 화두가 다시 흔들리게 된다.

이때 아주 맑고 고요하고 깨끗해지는데, 거기에서는 자칫 잘못하면 순경계의 마가 낄 수 있다. 고요한 정을 탐하면, 자칫 화두를 잊어버리게 된다. 힘든 역경계가 지나고 맑고 고요한 순경계가 와도, 그 가운데 반드시 화두가 있어야 된다.

예를 들면 바람이 아주 셀 때에도 물결 위에 어른거리는 달그림자를 놓치지 않았는데, 바람이 잦아져서 물결 위에 완벽하게 달그림자가 비칠 때는 그대로 비춰보면 된다.

모든 방해를 이겨내려면, 끝내 화두의심을 놓치지 않는 데 묘가 있다. 이런 경계, 저런 경계도 다 이겨냈는데, 평지에서 자빠지는 바보 같은 짓을 저질러서는 안 된다. 화두의심이 한결같이 들려서 의정疑情이 생기면, 혼침도 이기고 산란심도 이겨내며 성성해진다. 이럴 때라도 혹 방심해서 화두가 약해지면 안 된다.

한편 순경계에서 화두 놓치고 조용함을 즐기고 안주하면서, 그것이 공부 잘 되고 있는 양 만족하는 학인이 의외로 많다. 역경계건 순경계건, 그런 것들을 이기는 방법은 끝까지 화두를 틀어쥐고 놓치지 않는 것이다.

또한 순경계에서는 부처나 보살이나 스승이 나타나서 무슨 말을 해준다든지, 어떤 아름답고 황홀한 상태가 나타난다든지, 경전상의 언구가 생각난다든지 등 번뇌 따라 허망한 모습이 반짝하고 나타날 수 있다. 이런 모든 것은 환幻에 불과한 것이니, 사정없이 쳐버리고 오직 화두를 봐야 한다. 마군은 슬그머니 좋은 경계를 미끼로 보여주고 거기에 얽매이게 만드는 것이다. 이럴 때일수록 속히 선지식에게 점검받아야 한다.

순경계는 역경계보다 더 조심하고 경계해야 한다. 역경계에서 넘어지면 아파서 바로 일어나면 되지만, 순경계에서는 그것이 법인 줄 착각하여 한없이 편하게 지내기 쉽고, 그러다가 공空에 떨어지기 쉽다.

6

고요함에 집착하면 무기에 떨어진다

화두 들고 의심할 때, 일련의 역순 경계들이 나타난다. 그런 상황에서는 헤쳐나가기가 힘들기 때문에, 자기도 모르게 피하고 싶어진다. 그러면 슬며시 편한 쪽으로 생각이 기울어, 경계와 타협하고 고요함을 찾게 된다.

몽산덕이 선사는 이렇게 말했다.

> 눈이 정定하면 마음이 정해지고, 마음이 정하면 몸이 정해질 것이다. 그렇지만 정에 들었을 때 이것을 능사로 삼아 도리어 화두를 놓쳐서는 안 된다. 공에 떨어져 적적함에 머물게 되면 깨달음을 얻지 못하고 오히려 큰 병폐가 되느니라.
>
> 《몽산법어》

중간에 한번 고요함의 유혹에 빠지면, 화두는 놓치고 오히려 편안함을 즐기게 된다. 그러면 자연히 혼침昏沈이 스며든다. 졸면서도, 공부되고 있는 것처럼 착각하게 된다.

대혜종고 선사가 묵조선默照禪을 혹독하게 비판한 이유가 여기에 있다. 당시에도 고목선枯木禪에 속아 마냥 고요하기만 한 무기공無記空에 빠진 학인들이 많았던 것이다. 참선은 적적한 가운데 반드시 성성함이 있어야 한다. 적적하기만 한 것은 귀신굴에 떨어진 경계다.

고요함 속에서 지내면 처음에는 편안하지만, 시간이 지나가다 보면 자기도 모르게 자꾸 잠에 떨어지게 되어 있다. 이렇게 되면 깨달음과는 거리가 멀어진다. 마음이 텅 비워져서 한 생각도 일어나지 않는 경지를 얻었다 해도, 그것은 다만 '공에 빠져 인식이 없는 상태'일 뿐 완전한 공부는 아니다. 박산무이 선사는 이렇게 말했다.

> 참선할 때 가장 경계해야 할 사항은 고요한 경계에 빠져들어 사람을 말라죽은 듯한 적막 속에 갇히게 하는 태도이다.
> 시끄러운 바닥에서만 내내 살다가 일단 조용한 경계를 맛보고 나면 그것이 꿀이나 되는 양 달갑게 받아들이게 된다. 이런 사람은 권태가 오래되면 졸기를 좋아할 것이니, 자기가 이런 병통에 빠져 있다는 사실을 어떻게 알아차릴 수 있겠는가. (…)
> 참선하는 데 의정은 일으키지 못하고 바깥 경계를 싫어해 피하는 이들이 있다. 그리하여 사람 없는 고요한 곳에 즐겨 머물면서 문득 힘을 얻었다고 느끼고는 그곳에 어떤 도리가 있다고 생각한다. 그러나

이들은 조금이라도 시끄러운 경계를 만나게 되면 마음이 즐겁지 않게 되니, 이것은 생멸심이지 선은 아니다.

《참선경어》

이렇게 쉼[休歇(휴헐)]에 빠져 의정을 놓아버리는 장애를 '무기無記'라고 한다. 무기는 이것도 저것도 아닌 고요하기만 한 것으로서, 수행을 방해하는 요소이다. 참선할 때 가장 경계해야 할 사항은 이런 고요한 경계를 탐닉하는 것이다. 그것은 큰 병통이 된다.

맑고 고요한 데로 들어가면 아무것도 일어나지 않으니, 스스로 의식이 끊어졌다고 착각한다. 이것은 '무기공'에 떨어진 것이다. 실상은 그런 허망한 모습이 아니다. 실상을 봐야 적멸이 뭔지를 알게 되지, 실상을 모르는 적멸은 무기공일 뿐이다. 실상은 활발발한 생명력으로 가득 차 있다.

몇 번 고요함을 맛보고 난 뒤, 나름대로 '모든 것이 공空이다'고 확신하기 쉽다. 그런 상태에서 화두를 들다 보면, 화두가 간간히 일어나기도 하고 또 이어지는 것처럼 느껴지기도 한다. 그러면서 맑고 깨끗한 가운데, 망상이 설사 일어난다 하더라도 화두 기운이 망상을 제어한다고 느껴지기도 한다. 하지만 이 모두는 착각일 뿐이다. 이런 것은 '의식으로 화두를 붙잡는 것'이지, 의심이 이어지는 것이 아니다.

자기 식의 화두를 들고 망상을 제어하고 있다고 착각하는 것이 점점 더 공부 인연과 멀어지게 만드는 줄을 본인은 꿈에도 모른다.

스스로는 그것이 공부라고 착각하면서, 신선놀음에 빠져 세월만 보내고 있는 것이다. 적적하기만 하고 성성함이 없는 채로 앉아 있으면, 공부가 익지 않고 세월만 속절없이 흘러가버린다. 이런 병폐는 눈 밝은 선지식이 바로잡아 주어야 하지만, 요즘은 혼자 수행하는 사람이 많아지면서 고질병처럼 되어버렸다.

공에 빠진 줄도 모르고 공을 즐기는 병폐를 불식시키기 위해서는, 명안종사를 찾아가서 화두 위에서 공부를 지어가고 있는지 아닌지에 대한 점검을 받아야 한다. 바른 공부길에서 최선을 다해도 오히려 부족할 판인데, 자기 스스로 이렇게 공부하면 된다고 생각하고 또 그렇게 방치하고 있는 분위기가 만연하다면, 실질적인 공부인이 나오기가 어렵다.

고약한 것은, 이 병에 한번 빠지면 헤어날 기약이 없다는 사실이다. 선방에 오래 앉아 있는 사람은 자신도 모르는 채 이 병에 걸려 있기 십상이다. 만일 10년, 20년 화두 들고 공부했는데도, 깨달음이 없다면 스스로 부끄러운 줄 알아야 한다. 오래 앉아 있는 것을 공부의 척도로 삼는다면, 부처님은 물론 후학들을 대할 낯도 없을 것이다.

더 위험한 것은 스스로 그것을 최상의 진리라고 생각하는 것이다. 간화선으로 공부하는 학인은 마땅히 돈오頓悟를 체험하여 정법의 안목으로 중도의 보살행을 해야 한다. 그렇게 하지 못하고 '맑고 고요한 데' 빠져서 공空을 즐기고 있으면, 큰 마군이 되어 다른 사람에게도 어리석은 삿된 선禪을 전하게 된다. 이와 같이 되면 진정한 공부는 뒤로 숨어버리고, 후학들은 갈피를 못 잡고 우왕좌왕 하게 된다. 대혜종고 선사는 이렇게 말했다.

> 지금 머리 깎은 한 외도外道가 자기도 눈이 밝지 않으면서 다만 사람들에게 죽은 고슴도치 같이 쉬고 쉬어가라고 한다. 만약 이와 같이 쉬면 일천 부처가 세상에 출현하더라도 또한 쉴 수가 없어서 점점 마음이 혼미하고 답답하게 될 뿐이다. (…)
>
> 절대로 한결같이 공空에 빠지고 고요한 데로 나가서는 안 된다. 옛사람은 그것을 검은 산 아래 귀신 집에서 살 계획을 세우는 것이라고 했다. 미래제未來際가 다해도 뚫고 벗어날 기약이 없을 것이다. (…)
>
> 만약 참으로 고요하기를 구한다면 모름지기 생사生死의 마음을 타파해야 한다. 공부를 따로 하지 않아도, 생사의 마음이 타파되면 저절로 고요하게 될 것이다.
>
> 《서장》

고요함에 집착하여 무기에 떨어진 사람에게, 참된 선지식은 더 집중해서 화두를 들도록 독려한다. 호랑이 잡으려고 호랑이굴 속에 뛰어 들었으면, 난투극을 벌여서 피투성이가 되더라도 끝장을 봐야 한다. 두려워하거나 피하면 안 된다. 죽을 때 죽더라도 끝까지 버텨야만, 공부의 성과를 얻을 수 있다.

일단 화두를 들었으면, 맑고 고요하며 편안한 경계를 추구해서는 안 된다. 석연찮은 의심이 커져서 답답한 의정이 되어 숨쉬기조차 어려운 지경에 처했어도, 오히려 온몸으로 밀어붙여야 된다. 고요함이 아니라, 갑갑함 속으로 더욱 밀고 들어가야 하는 것이다.

눈앞을 가로막고 있는 장벽을 깨트려야, 상대적인 상相의 세계에서 벗어나 모양을 넘어선 절대 진리의 피안彼岸을 확인할 수 있다. 피안은 본래 청정하고 고요하다. 모든 병통은 안목을 바꿀 수 있는 공부를 하지 않는 데서 온다.

7

식광을 깨달음으로 오인하지 마라

참선함에 있어서 식광識光을 깨달음으로 착각하는 것을 가장 두려워해야 한다. 부처님께서는 《금강경》에서 육안肉眼, 천안天眼, 혜안慧眼, 법안法眼, 불안佛眼의 오안五眼을 말씀하셨다. 화두 공부를 통해 육안의 어리석음을 혜안·법안의 지혜로움으로 밝히기 위해서는, 그 중간에 자기도 모르게 '천안'이라는 과정을 겪게 된다.

이때 아주 맑고 고요하고 깨끗한 상태에서도 공연히 시비가 일어난다. 예컨대 볼록렌즈에 비추어보는 것처럼 작은 것이 몇 배로 크고 환하게 보이거나, 경전을 배운 적도 없는데 경전에 대한 입장들이 이해되기도 한다. 또한 환한 빛이나 불보살 등 황홀한 광경이 눈앞에 나타나거나, '공 도리'가 이해되어 자기도 모르는 말을 하기도 한다. 고봉원묘 선사는 이렇게 말했다.

이러한 경지에 이르면 8만 4천 마군들이 그대들 육근의 문턱에서 엿보고 있으면서, 온갖 기이하고 수승하고 선하고 악한 응험應驗의 일들을 만들어낼 것이다.

그대의 마음에 따라 베풀고, 그대의 마음에 따라 자아내며, 그대의 마음에 따라 구하고, 그대들 마음에 따라 나타내어 하고자 하는 것을 이루어주지 않는 것이 없을 것이다.

그대들이 문득 털끝만치라도 차별심을 내거나 티끌만치라도 허망한 생각을 내려 하면 문득 마군의 함정에 떨어질 것이다. 곧 그들에게 끌림을 당하고 그들의 지휘를 받게 된다.

《선요》

처음 겪는 공부인이 자기 안에서 신기한 현상들이 벌어지면 호기심이 일어나서, 십중팔구 자기도 모르게 경계에 끄달리고 집착하게 된다.

고요한 가운데 아무런 재미도 없다가 갑자기 묘한 경계가 나타나게 되면, 한 경계를 맛본 것인 양 스스로 속게 된다. 그러면 이것이 대단한 것인 줄 알고, 스스로 한 소식했다고 착각하기 쉽다. 박산무이 선사는 이렇게 말했다.

참선하다가 의정을 일으켜 법신法身 도리와 상응하게 되면, 어떤 이들은 법신 주변에서 특별하다는 생각을 낸다. 빛이나 꽃이 보이거나 여러 가지 신기한 모습이 나타나면, 자기가 성인聖人이 되었다고 생각한다.

그리고 이런 신기한 모습으로 사람을 현혹하면서 스스로는 확실히 깨달았노라고 한다. 그러나 그들은 이것이 전부 병통이지 선禪이 아니라는 사실을 까맣게 모르고 있다.

《참선경어》

이 상태에서 만일 제대로 된 가르침을 주는 선지식을 만나지 못하면, 십중팔구 공부된 것인 줄 알고 집착하고 만다. 이렇게 경계에 빠졌으면서도 무슨 대단한 맛을 본 것처럼 생각하여 거기에 주저앉은 사람은 절대로 다른 사람의 충고를 듣지 않는다. 자기 견해에 매몰되어 오히려 다른 사람들이 틀렸다고 주장하고, 나아가 자기가 경험한 것이 진짜 공부라고 하며 남을 현혹시킨다.

그러나 이것은 경계에 집착하는 병통이지, 선禪이 아니라는 사실을 까맣게 모르고 있다. 이와 같은 것은 공부에 결정적 장애만 될 뿐이다. 눈 밝은 선지식이라면 학인이 경계에 빠지지 않게끔 경책해준다.

"경계가 나타나거든, 경계 속에서도 화두 들어라. 옳다, 그르다 시비하지 마라. 또 없애려고도 하지 마라. 경계는 내버려둔 채로 함께 동행하면서, 오직 화두에만 집중하라. 설사 앞으로 또 일어난다 하더라도 무시하고 화두만 들어라!"

그럼에도 불구하고 실제 공부상에서는 결정적인 순간에 식광을 깨달음인양 착각하고 오인하여 빗나가는 경우가 왕왕 있다. 왜냐하면 학인이 처음부터 공부의 경지를 알고 들어가는 것이 아니기 때문이다. 대혜종고 선사는 이렇게 말했다.

> 고덕이 말하기를 "지극한 이치를 궁구하는 것은 깨달음을 원칙으로 삼는다"고 했다. 만약 설법하여 하늘 꽃이 어지럽게 떨어지더라도, 깨닫지 못하면 모두 어리석고 미쳐서 밖으로 내달리는 망상일 뿐이니, 힘써 소홀히 하지 말라.
>
> 《서장》

선지식의 가르침에 근거해서 수행을 하면, 잘못된 것이 나와도 그때그때 스승이 바로잡아줄 것이다. 선지식 없이 혼자 공부하다가는, 자기가 하는 수행이 옳은 줄 알고 스스로를 망치게 된다. 선지식의 말도 듣지 않고, 오히려 자기가 옳다고 고집을 부리는 경우가 많기 때문에 극히 위험하다. 고봉원묘 선사는 이렇게 말했다.

> 입으로는 마군의 말을 하며 마음으로는 마군의 행을 행하면서도, 도리어 다른 일을 그르다 비방하고 스스로 참된 도라 칭찬할 것이니, 반야般若의 바른 씨가 이로부터 영원히 없어지며 보리의 종자가 다시는 싹트지 않아 세세생생에 마군의 벗이 될 것이다.
>
> 이러한 온갖 마군의 경계가 모두 자기의 마음으로부터 일어난 것이며 자기 마음에서 생긴 것이니, 마음을 일으키지 않으면 그가 어찌하랴.

천태 스님이 말하기를 "너의 재주는 다함이 있지만 나의 취取하지 않는 것은 다함이 없다"고 하였으니 참으로 진실한 말씀이다.

《선요》

마구니가 재주는 아무리 요변을 떨어도 생멸법이기에 결국 한계가 있다. 그러나 불성은 불생불멸이기에, 상相만 취하지 않는다면 언제나 여여부동如如不動이다.

단지 범부의 알음알이를 취하지 않을 뿐이지, 성스러운 경계가 따로 있는 것이 아니다. 본래 그러하여 따로 얻을 바가 없음[無所得(무소득)]을 깨닫는 것이다.

그러므로 어떤 경계가 나타나면, 속히 눈 밝은 선지식을 찾아가서 점검을 받는 것이 좋다. 그래서 예전부터 "공부 중에 경계를 만나면 반드시 선지식을 만나서 점검을 받아야 하고, 그 전에는 공부했다고 자만하지 말라"고 당부해온 것이다. 자기 혼자 공부한 것을 가지고 자칫 실수하여 머무르다가는, 자기뿐만 아니라 후일 남도 잘못 인도하게 되는 어리석음을 범하게 되니, 조심하지 않으면 안 된다.

'반짝거리는 경계는 서푼어치도 안 된다'고 했다. 어떤 경계를 체험하고 난 뒤에 명안종사를 만나지 못하면, 오히려 마군의 권속이 되는 경우가 허다한 것이다.

공부 중에 어떤 변화를 맛보게 되면, 눈 밝은 선지식을 의지해서 체험한 내용이 어떤 것인지를 분명히 점검받고 나서 뒷일을 부촉받아야 한다.

8

따로 익혀야 할 삼매란 없다

흔히 '선정에 든다'는 말을 하지만, 들어야 할 선정禪定이 따로 있는 것처럼 오해하면 안 된다. 바른 수행이란 어떤 특별한 선정에 드는 것이 아니라, 일체 중생이 '본래 선정 가운데 있다'는 사실을 확인하는 것이다.

이 사실을 직접 증명할 수 있도록 깨달아야 한다. 깨달은 입장에서는 일거수일투족이 모두 선정 가운데서 펼쳐지는 모습이기 때문에 따로 선정을 논하는 일은 있을 수 없다. 박산무이 선사는 이렇게 말했다.

> 어찌 한곳에 오래 눌러앉아 외연을 끊고 마음을 일어나지 못하게 한 다음에야 정定에 들었다고 하겠는가. 이를 곧 '삿된 선정'이라고 하니, 이는 납자가 가져야 할 바른 마음이 아니다.

육조 혜능 스님께서 이런 말씀을 하셨다. "부처님은 항상 선정 속에 계셔서, 선정에 들지 않으실 때가 없었다."

모름지기 본체를 확실하게 보아야 비로소 이러한 선정과 하나가 된다. 석가 부처님께서 도솔천에서 내려와 왕궁에 태어나시고, 설산에 들어가 샛별을 보고 허깨비 같은 중생을 깨우쳐주신 일들이 모두 이 선정을 벗어나지 않았다.

그렇지 않았다면 들뜬 경계에 빠져 죽었을 것이다. 그래서야 어찌 정定이라 할 수 있겠는가. 들뜬 경계에 대해서 마음을 일으키려 해도 일으킬 수 없고, 고요한 경계에 대해서도 마음이 일어나지 않아서 고요하든 들뜨든 간에 전혀 마음이 일어나지 않게 되면 여기서 무엇을 가지고 경계로 삼겠는가?

이 뜻을 깨달을 수 있으면 세상이 온통 '정'이라는 하나의 몸으로 꽉 차서 다른 것은 없을 것이다.

《참선경어》

그렇지만 '본래 선정'이라는 말을 배워서 아는 척 쓰면 안 된다. 말보다 더 중요한 것은 실제로 화두를 타파하고 안목을 여는 일이다.

선정과 지혜를 아울러 쌍수雙修할 수 있는 힘을 돈오頓悟를 통해 눈떠야 된다. 본래 선정이란, 그런 깨달음의 입장에서 비롯된 실상을 말하는 것이다. 일과 공부가 둘이 아니듯이, 언제 어디서든지 선정 가운데서 행해지고 있음을 알아야 한다. 외도外道들은 따로 익혀야 될 선정이 있는 줄 착각하고, 늘 삼매를 증득하려고 온갖 행위를 한다. 그래서 뭔가 경지가 얻어지면, 이것이 공부인 줄 알고 착각하여 지키려고 한다. 대혜종고 선사는 이렇게 말했다.

> 근래에 마군은 강하고 법은 약하여, 담담하고 맑은 곳에 들어가서 거기에 합쳐지는 것으로 구경을 삼는 사람이 헤아릴 수 없이 많다.
>
> 《서장》

'맑히고 맑혀서 더 맑힐 수 없는 곳에 다다르면 통한다'는 식의 수행은 잘못된 것이며 외도들의 공부다. 이와 같은 무리들은 마음을 고요하게 비추어 관조하면서 하루든 이틀이든 생각을 일으키지 않고 몸도 꼼짝하지 않는 상태에 들어가야, '선정에 들었다'고 착각한다. 그렇지만 외도들의 선정에 대한 견해는 부처님의 가르침과는 거리가 멀다.

깨달음이란, 유위법으로 만드는 선정이 아니다. 만법이 본래 선정 중에 있다는 사실을 깨달음을 통해서 확인하는 것이다. 들어야 될 어떤 선정이 따로 있는 것처럼 오래 앉아 버티면서 남들도 그렇게 하도록 유도한다면, 이것은 불법의 올바른 뜻이 아니다. 몽산덕이 선사는 이렇게 말했다.

> 우리 조사께서 서쪽으로부터 오셔서는 오직 직지인심直指人心을 말했으며 큰 깨달음을 입문으로 삼았을 뿐, 선정과 신통은 지엽적인

일이기에 논하지 아니했다.

《몽산법어》

부처님은 '나가대정那伽大定•'에 계시기 때문에, 어떤 선정을 닦고 익히는 바가 없다.

본래면목을 자각했을 때, "아! 본래선정을 떠나서 따로 어떤 모습이 있을 수 없구나!" 하는 사실을 알게 된다. 그렇지 않으면, 특별한 선정에 들어가야만 그런 모습을 볼 수 있다고 착각하는 것이다.

불조께서는 선정 가운데서 모든 입장을 펼쳐 보이셨다. 그렇지만 중생들은 전도몽상에 빠져서 이런 실상을 놓치고 있다. 깨달음을 체달하여 실상을 보게 되면, 온 세상 그대로가 선정 중에 있다는 사실을 알게 될 것이다. 늘 선정 가운데 있는 실상을 모르고, 따로 선정 삼매를 익히도록 유도하는 수행법은 올바른 법이 아니다.

간화선은 선정을 여의지 않고 공부할 수 있는 수행법이다. 그래서 간화 학인은 선정에 드는 것을 공부로 삼아서는 안 된다. 최고의 공부는 노력을 덧붙이지 않는다.

• 나가那伽는 산스크리트어로 '용龍'을 뜻하는 Nāga를 음역한 말이고, 대정大定은 '큰 선정'이므로, '용이 드는 큰 선정'이라는 의미. 유위법有爲法으로 조작하는 '소정小定(뱀이 드는 선정)'과는 다르다. 소정은 입정入定하면 고요하지만, 출정하면 다시 시끄러워지는 이법二法(이분법)에 해당하고, 생멸법에 속한다. 반면에 우리의 진여眞如 자성불自性佛은 무위법으로 본래 청정해서 항상 나가대정에 들어있으므로, 어떤 소정을 닦고 익힐 필요가 없다.

정법은 어떤 힘도 빌리지 않고 그대로가 완성인 것이다. 간화선은 정법에 눈뜨게 해준다는 사실을 믿어야 된다.

그러기 위해 진정한 공부 인연을 만나서, 절실하게 본분사에 계합契合해봐야 한다. 온몸으로 계합이 되면, 한 번도 듣고 배운 적이 없는데도 모든 법이 소화가 된다.

선정을 떠나서 다른 모습이 만들어질 수 없다. 그것은 세상만사가 진리를 떠나서 만들어지지 않는 것과 같다. 선정이라 하는 것은 그 이름이 선정이지, 선정이라고 이야기해야 될 어떤 모습이 따로 존재하는 것이 아니다. 그것은 깨달음을 통해서 눈뜬 입장이 되어야 비로소 납득이 된다. 삼라만상이 아무리 천차만별로 벌어졌다 하더라도, 조금도 본래 선정을 여읜 적이 없다.

눈 밝은 선지식이란 그 사실을 규명한 입장에서, 모르는 사람들로 하여금 그 사실을 맛보도록 이끌 수 있는 구체적인 수행법을 제시하는 분이다.

9

알음알이로는 칠통을 타파할 수 없다

도 닦기를 바라는 학인이라면, 본분 종사•를 만나지 않고서는 공부하기 어렵다. 선지식을 처음부터 만나서 공부할 수 있다면 말할 수 없이 좋다. 그렇지 않고 이곳저곳 다니면서 시간만 허비하다가는, 어느덧 머릿속에는 냄새나는 알음알이만 가득 차게 된다. 고봉원묘 선사는 이렇게 말했다.

> 무릇 도를 배우는 사람들이 당초에 본분 종사를 만나지 못하여 10년, 20년 동안 여기저기에서 혹은 참구하고 혹은 배우고 혹은 전해받고 혹은 기억하되 먹다 남은 국, 쉰밥과 나쁜 지각知覺을 배가

• 본분인 불성에 눈 뜬 큰 스승.

불룩하게 채워 마치 냄새나는 찌꺼기를 담은 병과 같으니, 만일 콧구멍 있는 이에게 맡으라면 속이 메스꺼워 구역질을 면하지 못할 것이다.

여기에 이르러 설사 그른 줄 알고 허물을 뉘우치고 딴 생애를 세우려면, 곧 철저하게 쏟아버리고 서너 번 씻어내고 일고여덟 번 우려내고서 바짝 말리고 아주 깨끗하게 하여 아무 냄새도 없게 하여야만 비로소 반야영단般若靈丹을 담을 수 있을 것이다.

그러나 세밀하지 못하고 바삐 서둘러서 씻은 것이 마르지도 않았다면, 설사 최고의 제호醍醐를 담더라도 한 병의 더러운 물로 변하지 않을 수 없을 것이다.

《선요》

스스로 정직하게 본인의 허물을 살피게 되었다면, 깊은 반성과 참회를 통해 참된 지혜를 만날 수 있는 큰 인연에 나아가야 한다. 조그만 찌꺼기라도 남아 있으면, 그것이 원인이 되어서 또 냄새나는 모양으로 거듭나게 될 수밖에 없다. 그러므로 참회懺悔할 때, 철두철미하게 씻고 털어내서 하심下心하지 않으면 안 된다.

알음알이는 자기도 모르게 외도로 빠지게 한다. 부처님 가르침을 잘못 소화하여, 부지불식간에 신통 변화를 구하게 된다. 그리고 그것이 공부인양 스스로 착각하고, 남도 그르치게 만드는 어리석음을 범하게 된다.

박산무이 선사는 이렇게 말했다.

참선하는 납자는 글귀를 따져 연구하거나 옛사람의 말씀이나 외우고 다녀서는 안 된다. 이러한 일은 무익할 뿐 아니라, 공부에 장애가 된다. 따라서 진실한 공부가 아니라 알음알이로 전락해버린다. 이러고서는 '마음의 움직임이 완전히 끊긴 자리'에 이르려 한들 되겠는가. (…)
참선할 때 가장 두려워할 것은 민첩하고 약삭빠른 마음이다. 그것은 공부할 때 금지된 것이니, 조금이라도 먹었다 하면 아무리 좋은 약으로도 고칠 수 없게 된다.
진정한 납자라면 소경이나 귀머거리 같아야 한다. 그리하여 조금이라도 알음알이가 생기거든 마치 은산철벽에 부딪친 듯이 하라. 이렇게 해야 비로소 공부가 되어가는 것이다. (…)
참선할 때에는 화두를 들고서 오직 이 의정이 깨지지 않았음을 알았으면 끝까지 딴생각을 말아야지, 경을 뒤져 증거를 대가며 알음알이에 끌리면 절대로 안 된다.
알음알이가 일단 작동하게 되면 망념이 갈래갈래 치닫게 되니, 그때 가서 말길이 딱 끊기고[言語道斷(언어도단)] 마음 쓸 곳이 없어진[心行處滅(심행처멸)] 경지를 얻고자 한들 되겠는가?

《참선경어》

참선하는 학인은 언어 문구에 매달려 글귀를 풀이하는 짓을 하면 안 된다. 참선은 마음 길이 끊어져서 본바탕이 드러나야 하는 것인데, 엉뚱하게 글이나 외우고 있으면 활구의심과는 거리가 먼

것이다.

화두 공부 중에 의심이 해결되지 않았다고 해서, 경전에서 근거를 찾아 따지며 맞추어 보아서는 절대 안 된다. 알음알이가 일단 작동하기 시작하면, 망념이 어지럽게 일어나게 된다. 그렇게 되면 말길이 끊어지고 마음 길이 사라지는 경계와는 더욱 멀어진다. 세상은 알음알이를 통해 모든 것을 해결하려는 습관이 너무나 깊이 배어 있다. 흔히 격물치지格物致知하듯이 쪼개고 또 쪼개고, 나아가고 또 나아가서 더 나아갈 수 없는 곳에 이르면 통한다고 말한다.

그렇지만 화두 공부는 그렇게 쪼개고 들어가서는 끝내 중도실상을 밝힐 수 없다. 마른 지혜는 자기 안에 있는 업장을 제어할 수 있는 힘이 없다. 아무리 아는 것이 많다고 할지라도, 알음알이로는 속에서 일어나는 헐떡임을 다스릴 수가 없다.

화두의심이 활발하게 진행되고 있을 때, 머리를 굴리고 싶어 하는 민첩하고 약은 마음을 수시로 경계해야 한다. 그래서 아예 머리는 떼놓고 공부하라고 경책하는 것이다. 화두의심을 지어갈 때는 목 위로는 없는 셈치고 온몸으로 집중해야 한다. 알 수가 없는 그 일에 온몸으로 부닥쳐야지, 영리한 마음을 따라가면 공부와는 멀어진다. 참선하려고 생명 걸고 공부하는 학인이라면, 마치 봉사와 귀머거리처럼 돼야 한다. 보고 듣고 생각하고 아는 것은 다 배제해 버리고 오로지 화두만 비춰보아야 한다.

대혜종고 선사는 이렇게 말했다.

> 부처님께서 이르시기를, "이 법은 헤아리고 분별하여 능히 알 수 있는 것이 아니다"라고 하셨다. 헤아리면 바로 재앙이 생길 것이다.
> (…)
> 또한 "알음알이로 여래원각의 경지를 헤아리면, 반딧불을 가지고 수미산을 태우려는 것과 같다"고 하셨다. 살고 죽으며 재앙을 받고 복을 받을 때에 모두 힘을 쓰지 못하는 것은 대개 이 때문이다.
>
> 《서장》

설사 한 생각이 일어나더라도, 화두의심 때문에 다 떨어져 나가게끔 해야 한다. 팽이가 무진장 세게 돌면, 속도가 빨라져서 어지간한 것들은 다 튕겨나가듯이. 화두가 그렇게 속도감 있게 들려지고 있을 땐, 쓸데없는 분별심이 붙을 수가 없다. 마치 하늘에서 내려오는 눈송이가 뜨거운 화로에 닿는 즉시 녹아 없어지는 것과 같다.

1,700 공안을 다 외워서 누가 무슨 말을 묻더라도 대답을 척척 잘한다 하더라도, 직접 체험하지 못했다면 그것은 모두 알음알이다. 하나의 화두를 들고 깨쳤을 때, 1,700 공안이 모조리 그 하나의 인연에서 비롯된 모습인 줄 알게 된다.

수많은 공안들이 자성을 밝히기 위해서 이런저런 기연을 열어서 이야기한 데 불과한 것이다. 화두를 타파했을 때, 공안과 같은 어지러운 말들을 한 꾸러미에 뭉쳐서 몽땅 집어던지고 말 일이다.

백, 천 삼매가 하나의 해인삼매海印三昧에서 표출됐다고 이야기하듯이, 근본원인 이외에 다른 것이 있을 수 없다. 대원경지大圓鏡智에서 이야기되는 일련의 일을 타파해서 밝혔다면, 그것으로 족하다.

알음알이를 내려놓고 활구 들고 의심해서 근본 문제를 스스로 해결해야지만, 불조의 뜻에 가깝게 다가갈 수 있는 인연이 열린다. 그것은 유·무식이나 남녀노소에 상관없이 누구든지 인연만 닿으면 가능한 일이다. 오직 자성을 요달하려는 믿음만이 스스로를 구제할 수 있다.

알음알이가 일어날 때, 그것을 이기는 요령은 잡념을 대할 때와 같다. 일어나는 알음알이를 내버려두고, 오직 내 할 일만 하는 것이다. 정신 차려 화두에 집중하면, 모든 방해는 사라지고 말 것이다.

눈 밝은 선지식은 "알음알이를 없애고 공부하라!"는 얘기를 하지 않는다. 오직 활구화두를 들면 모든 문제가 해결되기 때문이다.

10

육단심은 상기만 일으킨다

화두를 들 때는, 의심이 잘 진행할 수 있도록 조심해서 아주 정밀하게 살펴가야 한다. 그런데 마음이 급해져서 흔들리게 되면, 혈기가 조화롭지 못해서 상기上氣병이 생긴다. 몽산덕이 선사는 이렇게 말했다.

> 만약 마음을 급하게 쓰면 심장에 부담을 주어 혈기가 고르지 못한 병이 생길 것이니, 이는 올바른 길이 아니다. 다만 진정한 신심을 내면 그 속에 의심이 있을 것이며, 그러면 자연히 화두가 나타날 것이다. 만약 애써서 억지로 화두를 들려고 한다면, 공부에 힘을 얻지 못할 것이다.
>
> 《몽산법어》

화두의심을 지어보려고 애를 쓰지만, 정확한 방법을 모른 채 하다보면 성과가 나지 않는다. 그렇게 아무리 해도 안 되면, 끝내 육단심肉團心을 내게 된다. 한번 해보려고 달려들었으니, 끝을 보고 싶지 않은 사람이 어디 있겠는가?

시간은 흘러가지, 공부는 안 되지, 산란심은 일어나지, 그러다가 대개는 혼침이나 무기에 빠져서 그 귀한 시간을 다 흘려보내고 만다. 그러다가 또 반성하고 달려들어 용을 써보지만, 혈기가 흐트러져 병만 깊어진다. 처음부터 바른 가르침을 만나 길 따라 가면 병에 걸릴 일이 없는 것을, 제대로 된 인연을 만나지 못하면 이래저래 고생만 하게 되는 것이다.

이 공부는 첫 단추를 잘못 끼우면, 결국 병통에 빠지게 되어 있다. 잘못 시작하여 병에 걸려버리면, 차라리 시작하지 않은 것만 못하다.

혼자 애쓰다가 상기병에 걸리면 참 고통스럽다. 호법을 서주는 선지식 없이 혼자 하게 되면, 자신도 모르게 용을 쓰게 된다. 들리지도 않는 화두를 억지로 들려고 애를 쓰다가, 스스로 뒤집어져서 상기만 되는 경우가 대부분이다.

병이 생겨도 옆에 선지식이 계시면, 공부인에게 적절한 처방을 내려준다. 그때그때 필요한 조치를 통해 그 병을 이겨낼 수 있는 힘을 실어주면, 거기에 심기일전해서 모든 것을 뛰어넘을 수 있는 기회가 제공되는 것이다.

덧붙여 말하자면, 인연이 맞아 떨어질 때 중요한 것은 깨달음을 기다려서는 결코 안 된다는 점이다. 화두 들고 의심할 때, '언제 깨닫나?' 하는 기대는 접어두고 오직 활구의심만 지어나가야 한다. 달리는 말에 채찍을 가하며 다른 생각이 들어오지 못하도록 다그쳐서 공부를 밀고 나가면, 결국은 집에 이른 소식을 만나게 된다.

선지식의 지남 아래 공부에 임하면 외통수에 걸려들게 되어 있다. 혼자서 자기 생각대로 하기 때문에 온갖 병통이 생기는 것이다. 망상을 꺾는 일을 망상으로 하려다 보니 병이 생기는 것이다.

11

문제만 되뇌면 사구死句가 된다

참선은 의정疑情이 생명이다. 만일 화두 상에 의정이 없으면, 망념만 자꾸 일어난다. 그러다 보면 사구화두를 되뇌면서, 그것으로 다른 망념을 억누르고 싶어진다. 막상 이렇게 화두를 되뇌는 송화두에 매달리게 되면, 자기도 모르게 그것이 바른 화두인 줄로 착각하게 된다. 그렇지만 이와 같은 화두는 의정으로 익어가지 않는다.

이렇게 의식으로 눌러서 망념이 일어나지 않게 하면, 간혹 맑고 고요한 경계가 나타나기도 한다. 그러나 그렇게 해서는 끝내 식심識心의 뿌리를 뽑지 못한다.

문제는 그것을 '화두 삼매'라고 착각한다는 사실이다. 화두를 입에 물고 되뇌는 것은 바른 화두가 아니라 망념이다. 답을 찾다가 관문에 막혀서 답답해지는 활구가 아니라, 화두라는 의식을 일으켜 그것을 이어가려고 하는 것이 바로 전형적인 사구死句다.

생각이 끊어져야 할 것을, 오히려 한 생각을 일으켜서 끌고 가려고 애쓰는 것이 가장 어리석은 짓이다. 이렇게 '망념으로 망념을 다스리려고 하는 것'이 참선 공부의 큰 장애다. 그런데 화두를 이런 식으로 들고 있는 학인이 많다. 예를 들면, 지금 많은 학인들이 '이뭣고'를 하염없이 반복하면서 화두를 마냥 입에 물고 있는데, 그것이 바로 이런 경계다. 그들은 '이뭣고'를 들면서, 망념이 일어나면 의식으로 '이뭣고' 하는 것에 계속 집중해서 망념이 사라지게 한다. 그리고는 그것이 공부가 되는 것인 줄 알고 마냥 시간을 보낸다.

선지식의 바른 지도를 받아 반드시 의정 위에서 공부해야만 하는데도 불구하고, 계속 화두만 반복해서 외우고 있는 것이다. 그들은 이것이 '망념으로 망념을 다스리려는 병통'인지는 전혀 모르고 있다.

요점은 '이뭣고'를 사구로 들고 있지 말라는 것이다. 학인은 지금 제대로 된 활구 '이뭣고'를 들고 공부하고 있는지를 선지식에게 정직하게 점검해봐야 한다.

화두가 제대로 들려지면, 답답한 기운이 온몸으로 느껴지는 법이다. 그런데 아무런 느낌 없이 그저 앉아서 문제만 반복해서 외우는 것처럼 '이뭣고'를 되풀이하고 있다면, 당연히 올바른 결과를 기대할 수 없다. 그렇게 10년, 20년 세월을 보내고 있는 사람들이 허다하게 많으니, 참으로 안타까운 일이 아닐 수 없다. 활구라야 망념을 다스릴 수 있는 힘이 나온다. 사구는 그 자체가 망념이다.

만일 망념이 일어날 때 '이뭣고'를 챙기면 망념이 사라지고 화두만 성성해진다고 만족하고 있다면, 그것은 커다란 착각이다. 이것은 간화선이 아니다. 화두 상에 의심疑心이 빠져있기 때문이다.

망념인 사구로서 떠오르는 망념을 억눌러 고요해지고자 하는 병통의 원인은, 애초부터 화두를 참구할 때 불조께서 말씀하신 근본이 무엇인지 진정으로 알고자 하는 마음이 없었기 때문이다. 불법에 대한 인연이 조금이라도 있다면, 법문을 듣고 온몸으로 알려고 하는 마음이 승속 간에 만들어지는 법이다. 어차피 죽어야 되는 인생, 죽기 전에 가슴에 걸려 있는 석연치 않은 기운을 뽑아내야 하지 않겠는가?

진실된 사람이라면 이 일대사인연을 해결하지 못한 갑갑함과 안타까움이 자기 안팎에 가로놓여져 있음을 스스로 인정하지 않을 수 없다. 공부인이라면 진발심眞發心하여 선지식을 찾아가서, 온몸으로 떼쓰듯이 달라붙지 않을 수 없다. 이럴 때, 길이 열린다.

화두는 타파하기 위해 드는 것이다. 그런데 이것을 마냥 붙들고 10년, 20년 지어가면서 아직도 타파하지 못하고 있다면, 마치 돌로 풀을 눌러 놓은 것과 다를 바가 없다. 그런 것을 공부라고 오해해서, '화두 일념하에 한 덩어리를 이루어서 아주 맑은 데에서 화두가 타성일편되고 있다'고 착각하면 안 된다.

화두가 타성일편이 되면, 아무리 길어도 7일 안에 깨지고 만다. 간화선은 활구의심 위에서 참구하는 것이 핵심이다.

마치며

대승불교의 꽃, 돈오

1

불 속에서 연꽃이 피다

화두가 익어서 의단疑團이 독로되어 안팎이 한 덩어리가 되면, 단지 화두가 타파되기만 기다리면 된다.

시절인연이 열리면, 마른하늘에 벼락 치듯, 매미가 허물 벗듯, 무거운 짐을 내려놓듯, 홀연히 '댓돌 맞듯 맷돌 맞듯[築著磕著(축착합착)]' 의단을 타파하게 될 것이다.

때가 되면, 마치 나무통을 맨 테가 '팍!' 하고 터지는 것처럼 의심 덩어리가 깨져나간다. 그 통쾌함은 맛본 사람만이 알 것이다. 그러면 스스로가 훤히 밝아져, 불조가 하신 말씀의 당처가 환히 드러날 것이다.

몽산덕이 선사는 이렇게 말했다.

의심들이 조여들면서 터질 즈음에 홀연히 댓돌 맞듯 맷돌 맞듯 계합

> 하여 갑자기 "확!" 하는 소리에 정안正眼이 열리고 밝아진다. 그러면 집에 이른 소식을 말할 수 있을 것이며, 기연機緣에 맞는 말을 할 수 있을 것이며, 화살촉을 맞추는 말을 할 수 있을 것이다.
> 나아가 차별기연을 알아서 이전에 의심 때문에 막힌 것이 전부 다 얼음 녹듯이 흔적 없이 사라지면서 법, 법마다 원통하여 당堂에 오르게 될 것이다. 그렇지만 절대로 작은 깨달음에 그치지 말라.
>
> 《몽산법어》

화두가 타파되면, 마치 소나기가 내린 뒤 먹구름이 걷히고 푸른 하늘이 몽땅 드러나듯 확연한 것이 시원하고 통쾌하다. 마치 꿈속에서 깨어난 듯 분명해진다. 그동안 알 수 없었던 공부상의 인연들이 드러나면서 고개를 끄덕일 것이다.

대사를 마치고 난 뒤에는, 이 일단의 일을 알 수 없어 그렇게 갑갑하던 것이 몰록 텅 비게 된다. 온몸과 마음이 새의 깃털보다 가볍고, 앞뒤가 탁 끊어져 툭 터진 것이 탕탕 무애하니 끝 간 데가 없이 시원하다. 고봉원묘 선사는 이렇게 말했다.

> 곧 허공이 무너지고 대지가 꺼져 사물과 내가 함께 없어진 것이 마치 거울이 거울을 비추는 것과 같았다. 텅 비어서 맑고 고요한 것이 끝 간 데가 없었다.
>
> 《선요》

평생 짊어지고 다니던 짐을 일거에 내려놓아 홀가분해진다. "이거로구나! 이것을 맛보게 하려고 그렇게 사람을 고생시켰구나!" 하고 스스로 납득한다.

이와 같은 시절인연은 직접 체험하여 맛본 자만이 안다. 기연의 순간을 표현하는 '와지일성囮地一聲' 같은 말은 겉으로 '와!' 소리가 나는 것이 아니라, 찰나지간에 깨쳐서 계합한 것을 표현해놓은 것이다.

안으로 뭔가 큰 변화가 왔을 뿐만 아니라, 심신이 가벼워서 얼굴은 마치 연꽃이 핀 것처럼 환해지고 두 다리를 쭉 뻗고 잘 수 있게 된다.

크게 깨달을 때는 마치 큰 꿈에서 홀연히 깨어난 것 같다. 확연하게 깨닫고 난 뒤에는, 말과 행동이 저절로 실상과 계합한 모습을 드러낸다. 그동안에 몰랐던 차별 기연도 알게 될 것이다.

"저 바다 밑에서 차를 다린다" 이게 무슨 소리인가? "활활 타는 불속에서 연꽃이 핀다", "돌계집이 애를 낳는다", "바다 밑에 진흙소가 달을 물고 달리고, 바위 앞의 돌 호랑이는 새끼를 안고 존다" 이런 말들을 장난삼아 얘기한 건가? 진짜 그런 일이 벌어질 수 있는 건가? 도대체 이해가 안 되는 말들이지만, 선문禪門에서는 다 통한다. 스스로 안목이 열리면, 이것이 무슨 소리인지 알게 될 것이다. 화두를 타파한 공부인은 직접 거쳐 오면서 겪어낸 일이니, 새록새록 실감이 나면서, 고인들이 먼저 이 일을 체험하고 단계 단계마다 이렇게 기가 막힌 비유로서 표현했다는 사실을 알게 될 것이다.

통밑이 빠지는 것 같은 경험을 했을 때, 옆에 선지식이 가까이 있으면 말할 것도 없이 편하고 좋을 것이다. 그렇지만 만일 선지식이 곁에 없다면, 빨리 선지식을 찾아가서 점검을 받아야 한다. 박산무이 선사는 이렇게 말했다.

> 대나무 테를 맨 물동이가 탁 터지듯 의심덩어리가 풀리고 나면, 다시 선지식을 만나게 되었을 때 입을 열기도 전에 이미 생사대사는 다 마친 뒤라 비로소 박장대소하게 된다. (…)
> 옛 스님들께서도 깨닫고 난 다음에는 선지식을 만나 완성되었다. 만일 자기 스스로만 깨닫고 선지식을 만나서 못을 뽑고 빗장을 열듯 의문과 번뇌를 뽑으려 하지 않는다면, 이런 사람들은 모두 '스스로를 속이는 사람'이라고 부른다.
>
> 《참선경어》

공부하고 난 뒤에 누구를 만나서 앞길을 지시받느냐에 따라서, 그 뒤의 인연이 크게 달라질 수가 있다. 그러므로 눈 밝은 스승의 점검을 제대로 받아야 한다. 그렇지 않으면 삿된 무리로 전락하고 만다.

공부하고 난 뒤에, 오히려 마군이 되는 경우도 더러 있다. 이 점을 늘 경계하고 조심해야 된다. 올바른 공부 인연을 계속 맺으면, 세월이 갈수록 더욱 좋아질 것이다.

공부한 후에 선지식의 지도를 받지 못하면, 더욱 어려운 지경에 처하기도 한다. 그래서 화두를 타파한 공부인은 속히 선지식을 찾아가 점검받고, 그 뒤의 일을 부촉 받아야만 한다.

사실 선지식 덕분에 간화선 공부하는 인연이 열려서 어떤 결과가 나왔다면 당연히 그분께 점검을 받을 수 있을 것이다. 그런데 혹시라도 선지식 없이 공부하다가 인연 따라 이런 경우를 만난 공부인이라면, 반드시 선지식을 찾아서 뒷일을 물어야 한다.

처음 공부한 사람은 마치 어린아이와 같다. 아무것도 모르는 갓난아기가 세상에 태어났다면, 자기 혼자 살아가기는 쉽지 않은 일이다. 엉뚱한 사람이 데려다 기르면, 잘못된 길로 빠지기도 한다. 마군이 데리고 가면, 마군의 권속이 될 소지가 다분한 것이다. 눈 밝은 선지식의 지도를 받으며 인연을 길러가야만, 결국 심안이 완전히 밝아질 것이다. 자기 기분 내키는 대로 한다면, 늑대 만나면 늑대 되고 여우 만나면 여우가 될 것이다. 제대로 된 선지식을 만나야 우뚝 솟은 사자나 코끼리가 된다. 같은 물도 소가 마시면 우유가 되고, 독사가 마시면 독이 되는 것과 같다.

의단을 타파하지 않으면 생사가 고통을 더해오지만, 의단을 타파하면 생사심生死心이 끊어진다. 생사심이 끊어지면, 부처나 법이라는 견해가 없어질 것이다. 부처와 법이라는 견해도 오히려 버리는데, 하물며 다시 중생과 번뇌의 견해를 일으키겠는가?

공부한 것까지도 내려놓고, 흐름에 맡겨 세월을 잘 보내야 한다. 늘 부끄러움을 알고 자세를 낮춰 겸허하게 수행한다면, 내일은 오늘보다 나아질 것이다.

2

향상일로로 나아가라

꿈 깨고 난 뒤에는, 실상이 환히 드러나서 발을 딛는 곳마다 실지實地 아닌 곳이 없다. 화두가 타파되어 모든 것이 다 드러나면, 또 다른 화두를 들고 의심해야 할 이유가 없다. 그렇지만 돈오를 체험하더라도, 아직 상相이 완전히 소멸된 입장이 되기는 어렵다. 많은 수행자의 경우를 보면, 비록 돈오를 체험했더라도, 아직 '점수漸修 입장'이 남아 있는 것이다. 몽산덕이 선사는 이렇게 말했다.

> 현묘玄妙함을 다 마쳤다 하더라도 역량이 다 갖추어질 때까지 물러서서 자신을 감추고 잘 보임保任해야 한다. 거듭거듭 묵은 습기習氣를 녹여서 한량없이 청정해지고 막힘없이 둥글고 밝아져야만, 비로소 높이 날아 널리 종문을 광명 성대케 하여 옛 조사들을 욕되지 않게 할 수 있을 것이다.

만약 과거의 습관을 완전히 바꾸지 못한다면 곧 다시 범부로 떨어질 것이다. 깨달은 듯이 말하지만 경계에 대하면 여전히 미혹할 것이며, 말하는 것도 마치 취한 사람과 같고 하는 일도 속인과 같아져서 기용機用의 숨고 드러남을 알지 못하고 바르고 삿된 말도 가리지 못해서, 인과를 무시하여 큰 해를 입게 된다.

《몽산법어》

육조 스님에게도 '앞의 돈오'와 '뒤의 돈오'가 있었다. 전자는 나무꾼 시절에 객점에 나무 팔러 갔다가 어떤 손님이 《금강경》을 읽는데, "마땅히 머물지 말고 그 마음을 낼지니라"는 대목을 듣고 곧 마음을 깨친 것이다.

후자는 그 후 오조 홍인 선사를 찾아가서 8개월간 방아를 찧으며 때를 기다리다가, 오조가 설하시는 《금강경》을 듣고 이전과 같은 대목에서 언하에 확철대오한 것이다.

전자는 아직까지 상이 끊어지지 않은 '돈오점수'의 입장이었다면, 후자야말로 상이 끊어진 '돈오돈수'인 것이다. 말하자면 전자는 혜안慧眼을 눈뜬 것이고, 후자는 법안法眼을 눈뜬 것이라고 할 수 있다. 육조 스님도 후자를 경험하고 나서야 비로소 조사의 지위를 물려받은 것이다. 전자의 체험에서 나온 게송이 '본래 한 물건도 없다[本來無一物(본래무일물)]'였다면, 후자에서 나온 게송은 '자성이 본래 스스로 청정한 줄 어찌 알았겠습니까?[何期自性 本自淸淨(하기자성 본자청정)]'였다. 전자가 '색'을 넘어 '공'을 한 번 본 것이라면, 후자는 '색즉시공 공즉시색'의 중도中道를 체득한 것이라고 할 수 있다.

이렇게 돈오돈수의 '돈수頓修'는 상이 없는 차원의 공부법이다. 이것은 마치 관세음보살께서 이름은 있지만, 모양은 없는 것과 같다. 그렇다고 있지 않은 것은 아니다. 어디엔가 자리하고 계시니, '관세음보살!'을 염하는 것이다.

상이 소멸된 경지에 올라가야, 자기 수행도 하고 남도 깨닫게 해주는 마하반야바라밀법을 연출할 수 있는 힘이 생긴다. 대혜종고 선사는 이렇게 말했다.

> 반드시 기억하라. 옛말에 "이치[理]는 문득 깨닫는 것이라 깨달음을 따라 아울러 녹여가지만, 일[事]은 홀연히 제거할 수 없어서 차례를 따라 없애야 한다"고 했다. 행주좌와에 절대로 잊지 말아야 한다.
>
> (…)
>
> 오래오래 순숙純熟하고 익숙해지면 저절로 묵묵히 자기 본심과 계합하게 되므로, 반드시 따로 빼어나고 기특한 것을 구할 것이 없다.
>
> 《서장》

그러므로 아직 상이 있는 점수적 돈오를 체험한 공부인은 계속 정진해나가야 한다. 이때는 마음자리가 눈앞에 생생히 '활구'로 드러나서 치구심馳求心과 업장이 급속도로 녹아내린다. 이와 같은 공부인은 가급적 선지식을 꾸준히 친견하고 경책을 받아가면서 자기 정진하는 시간을 가짐으로써, 변화하는 자신을 느낄 수 있는 기회를 많이 갖는 것이 좋다.

순수한 수행자의 정신과 양심을 가지고 있다면, 수행하면 할수록 인과因果를 더 철두철미하게 믿게 된다. 그렇게 청정계율을 지키면서 무위 본연의 자세를 견지할 때, 바람직한 내일을 기대할 수가 있다.

공부가 익어가면, 자기가 체험한 것과 선리禪理의 입장이 서로 일치한다는 사실을 체득하게 된다. 예를 들어, 오매일여寤寐一如를 말할 때, 화두의심 속에서 살펴지는 오매일여와 화두의심을 타파하고 난 뒤의 오매일여는 다를 수밖에 없다.

돈오 후 수행을 해가면 이런 차이점까지도 스스로 살필 수 있는 힘을 갖게 된다. 공부가 순숙해지면 저절로 탐·진·치 삼독이 계·정·혜 삼학으로 전환된다. '번뇌즉보리煩惱卽菩提'의 도리가 저절로 터득된다.

모를 때는 하는 일마다 고통이 발생하지만, 알고 나면 무슨 일을 해도 흔적이 남지 않아 대자유가 된다. 자연히 복과 공덕과 원력이 증장된다. 정진이 익어가면 갈수록 자비심이 솟아나오는 것이다.

공부하고 난 뒤에는 마치 어린아이와 같다. 그때야말로 진짜 공부할 수 있는 인연을 살피고 가꾸어가야 한다. 아이가 무럭무럭 커야, 힘이 생기고 일도 할 수 있는 법이다.

공부하기 전에는 공부라는 것을 몰랐기 때문에, 하고 싶어도 어떻게 해야 될지 모른 채 그냥 자기가 알고 느끼는 대로 했을 뿐이다. 하지만 공부길이 분명하게 드러난 뒤에야말로, 진짜 공부가 시작된다. 이전에는 '참선參禪'을 했다면, 이제부터는 '선禪'을 하는 것이다.

고봉원묘 선사는 이렇게 말했다.

> 피부가 뚫어지고 살이 썩고 짓무르며 근육이 끊어지고 뼈가 꺾어지도록 노력하며, 걸림 없는 변재를 갖추어 종횡으로 자재하게 말하더라도, 향상일관向上一關에 대해서 말한다면 그대들이 아직 깨치지 못했다고 하리다.
> 아무쪼록 허공이 무너지고 큰 바다가 마르며 아래위로 꿰뚫어 알아 안과 밖이 맑게 해야 한다. (…)
> 만일 세상 번뇌에 골몰하여 승진昇進을 구하지 않으면, 마치 물위에 뜬 나무가 그 성질은 실제로 가라앉는 것이므로, 잠시 제 몸이 가뿐하나 젖는 것을 감당하지 못하는 것 같다.
> 또 뜰에 핀 꽃이 빛과 향기가 모두 아름답지만 하루아침에 빛깔이 시들고 향기마저 없어지면 다시는 더 사랑할 것이 없는 것과 같다. (…)
> 물이 다하고 구름이 없어진 곳과 연기가 사라지고 불까지 꺼진 때에 막 이르면 문득 본지풍광本地風光을 밟아 불조를 초월하게 되리라. 설사 이렇게 깨달았더라도 오히려 법신의 변두리 일[法身邊事(법신변사)]일 뿐이다.
> 만일 법신의 위로 향하는 일[法身向上事(법신향상사)]을 말하자면 꿈에

도 못 본 것이다. 왜냐하면 천 리를 바라보고자 할진대 다시 한층 더 올라가야 하기 때문이다.

《선요》

도道는 큰 바다와 같아서 들어가면 들어갈수록 더욱 깊어진다. 화두가 타파되어 실질적인 공부 인연이 열렸다면, 노력을 빌릴 것도 없이 저절로 수행할 수 있는 큰 힘이 그 속에서 나온다.

그래서 화두를 타파하고 난 뒤에는 더욱 진중해야 한다. 겸손하고 더욱 조심해서 계속 정진하는 가운데서 힘이 길러지는 것이다. 온몸으로 뼈저린 단련을 받고 난 뒤에야, 비로소 남을 깨닫게 해줄 수 있는 수단을 갖추게 될 것이다.

이 공부를 아는 사람들끼리 만나면, 아주 조심스럽게 마음을 잘 살펴가면서 탁마를 아끼지 않고 서로 이익되도록 하는 것이 도를 지닌 자의 할일이다.

도업이 성취되어야 원만 무애한 인격이 형성될 수 있고, 남을 제도할 수 있는 길이 열린다고 했다. 그렇지 않고 도 깨친 뒤에 잘못하면, 오히려 마군이 되니 조심하라고 옛 어른들이 신신당부했다. 공부하고 난 뒤에 더욱 하심下心해야 한다. 공부하기 전에는 어차피 모르기에, 조심해라 마라 할 것도 없다. 공부한 사람이 조심하지 않으면 더 크게 다친다. 조그마한 경계를 맛보고 크게 깨달은 양 착각 하는 것만큼 어리석은 짓은 없다. 늘 무엇이 부족한 양 "저는 공부가 뭔지 아직도 모르겠습니다. 뭔가 느끼긴 했어도 아직 부족

합니다" 하는 입장에서 비롯되는 몸가짐이 나와야 된다.

공부하고 난 뒤에도 상이 떨어지지 않으면, 지혜를 밝혔다 한들 자기 발등 찍는 어리석음에 불과하다. 어설픈 지혜가 오히려 스스로를 망치기 쉽다. 마른 지혜[乾慧(건혜)]가 아니라 진짜 여실지如實智가 생겨나야 한다.

대혜종고 선사는 이렇게 말했다.

> 우리 속에서 늘 그러한 일을 확철대오確徹大悟하면, 가슴속이 명백하기가 마치 백 천 개의 해와 달과 같다. 시방세계가 한 생각으로 분명히 알되, 티끌만치라도 다른 망념이 없어야 비로소 구경각究竟覺이다.
>
> 《대혜어록》

대혜 스님도 몇 번이고 거듭 체험하고 난 뒤에 천하의 법기法器가 되었다. 한 고비를 넘기고 스승으로부터 인가를 받은 후에도, 향상일로를 걸으면서 결코 소홀히 하지 않았다.

향상의 길을 걸을 때는 '하되 한 바 없이 할 수 있는' 그런 인연 속에서 시간을 보낼 수 있으면, 상과 상 아닌 것을 나눌 필요가 없을 것이다. 길 안내자를 바로 만나서 처음부터 끝까지 가르침을 잘 따른다면 소홀함이 없을 것이지만, 자기 업에 의해서 자기도 모르게 엉뚱한 짓을 하는 경우도 생긴다. 그래서 학인은 복혜福慧가 양족兩足되어야 된다. 복도 많아야 되고, 지혜도 깊어야 큰일을 할 수 있다.

화두를 타파하고 난 뒤에는 눈 밝은 선지식을 만나 단련을 받아서 큰 그릇이 되어야 한다. 결코 작은 것을 얻고 거기에 만족해서는 안 된다. 그럴수록 더 겸허하고 부끄러워하는 모습으로 자타에게 정직해야 한다. 진솔한 모습이 없으면 참된 간화 학인이 아니다.

철두철미 내외명철한 구경각究竟覺을 이루기 위해서는, 한 걸음 뒤로 물러나 은인자중하면서 온몸으로 숙지해야 한다. 도를 여의지 않는 인연을 열었으면, 그 인연을 최대한 승화시켜서 주변에 회향廻向토록 해야 한다. 그렇지 않고 업에 끄달려 도로 그림자를 만들고 허망해지면, 그 칼이 남을 살리는 데 쓰이는 것이 아니라 자기도 죽이고 남도 죽이는 잘못된 모습으로 돌아다니게 된다.

힘이 길러질 때까지는 스스로 다잡아서 숨죽이고 때를 기다려야 한다. 괜히 들떠서 돌아다니면, 자기 안에 있던 업들이 일어나서 자기도 모르게 어지러워지는 것이다.

그러면서도 자기는 공부했으니, 상관없는 것처럼 오해하고 착각할 수 있다. 이때는 빨리 돌이켜, 공부가 익을수록 뒤로 숨어서 계속해서 정진해야 한다는 사실을 명심해야 할 것이다.

한동안은 뭔가 알았는데, 상대방이 정곡을 찌르면 뭐가 뭔지 모르게 아득해질 수도 있다. 그래도 흐름에 맡겨 지나가야지, 들뜨면 안 된다. 차분하게 참고 견뎌야지, 너무 급하게 서두르면 일을 그르치게 된다. 늘 일어나는 생각을 비쳐보고, 쓸데없는 데 끄달리지 않도록 해야 할 것이다.

그러므로 일단 꿈을 깼다면, 더 공부할 수 있는 계기를 열어줄 수 있는 큰 안목 있는 선지식에 의지해서 뒷일을 지도받아야 한다. 무언가 체험을 하고 공부를 했다고 해서 거기에 들떠서 머무른다면, 그 뒤에 진정으로 공부를 완성해야 할 기회를 저버리게 되는 것이다. 한때의 공부 인연으로 비로소 뼈저리게 향상할 수 있는 계기가 형성되었는데, 왜 어리석은 짓을 해서 도로 퇴타할 것인가?

지혜마저 없앨 수 있는 공부 인연을 살필 수 있어야 한다. 지혜를 얻어서 번뇌 망상은 어느 정도 갈무리할 수 있지만, 지혜가 또 법상法相의 가시가 되어서 애먹이는 경우가 종종 있다. 깨달음을 놓아야 미혹이 완전히 사라진다.

보리자성은 본래 청정한 것이어서, 끝내 조금도 얻은 것이 없어야 한다. 대주혜해 선사는 '돈오頓悟'를 정의하기를, "'돈'이란 망념을 몰록 제거하는 것이고, '오'란 얻을 바 없음을 깨닫는 것이다[頓除妄念 悟無所得(돈제망념 오무소득)]"라고 했다.

공부한 것까지 잊어버릴 수 있는 인연에 나아갈 수 있는, 그런 모습이 장한 모습이다. 이렇게 되어야 남을 가르칠 수 있는 힘이 나올 수 있는데, 이것이 안 되면 공부가 되었어도 남을 가르치지 못한다. 그리고 '선지식 병'에 걸려 오히려 나와 남을 더 위태롭게 만든다.

공부한 뒤에 또 뭔가가 있는 줄 알고 계속해서 구하기 쉬운데, 이것도 하나의 병통이다. 이런 병통, 저런 병통, 병통 아닌 것이 없으니, 다 내려놓고 철저하게 마음을 비워야 한다. 그리고 믿음으로 실천해야 한다.

'믿음으로 실천하라!' 하니까, 이 말을 또 오해할 수가 있다. 여기서의 믿음이란 뭘 믿고 말고의 그런 것이 아니라, 있는 그대로를 믿는 것이다. 일단 선지식이 점검해주었으면, 자기 공부한 것을 그대로 믿어야 한다.

그런데 중생의 업보라는 것이 참 고약해서, 뭐가 또 있는 것처럼 여겨지는 법이다. 그러니 일단 체험한 뒤에는, 마음을 비우라고 한 것이다. 공부한 것을 짊어지고 다니면, 그것이 얼마나 무거운가! 공부를 했으면, 공부한 것까지도 놓아버려야 한다. 그것은 아무리 내려놓아도 도망가지 않는다. 서푼어치도 안 되는 반짝이는 경계에 속아서, 일생을 그르치면 안 된다.

그러므로 그냥 눈앞에 살펴지는 대로 흐름에 맡기는 것이 좋다. 여기서는 '무수지수無修之修•'라는 말이 요긴한 가르침이다. 아무리 문제가 있더라도, 살다 보면 저절로 소화될 것이다.

• 닦음 없는 닦음. 수행 없는 수행. 수행을 쉬는 것이 진짜 수행이라는 말이다. 헛된 노력을 하는 유위법을 멈추는 것이 '무수'이고, 그러면 무위법으로 전환되므로 '수修'가 된다. 따라서 무수지수는 무위법을 의미한다. 마조도일馬祖道一(709~788) 선사는 "도는 닦을 필요가 없다. 다만 오염시키지만 말라[道不用修 但莫汚染]"고 했다. '무수지수'의 다른 표현이다. 보통 사람들은 유위법을 멈추기 어려우므로, 간화선 수행법은 학인으로 하여금 화두의심이라는 유위의 노력을 적극적으로 밀어붙이게 하여 극단에 이르러 무위법으로 전환케 하는 방편인 셈이다. 즉 유위로 유위를 쳐서 무위로 전환시키는 것이다.

그런데 자꾸 뭘 해보려는 것이 문제다. 그러다 안 되면, 몸부림치고 망상만 불러일으키다가 공부와는 다시 멀어진다. 그러므로 안목이 열리고 난 뒤에 더욱더 선지식의 지도가 필요하다. 설사 깨달음을 얻었다 하더라도, 일어나는 업이 얼마나 진한지 모른다. 상 가진 중생들은 돈오 체험한 후에도 허망한 짓을 한두 번 하는 것이 아니다. 스스로 알 수 없는 어리석음을 범하고 공부한 자리에서조차 멀어지고 만다. 그렇기 때문에 어린아이가 자라서 힘을 쓸 수 있을 때까지 늘 선지식 옆에 함께하면서 쉼 없는 정진을 하되, 한 바 없이 할 수 있어야 된다.

"눈을 뜨게 해준 인연이 너무나 감사하고 고맙습니다. 평생 숨어 살아도 아깝지 않을 것 같습니다. 이제 길을 알았으니, 최선을 다해서 분명하고 조심스럽게 가되, 남을 위해서 마음 쓰고 살겠습니다" 이 정도는 되어야 앞날이 기약될 것이다.

그렇게 공부 길을 분명히 알고, 마음을 확고히 하는 것이 좋다. 학인이 세상 사람들을 위하는 길은 진정으로 보현행원普賢行願•의 힘을 기르는 것이다. 스스로 먼저 부자가 되어야 남에게 나눠줄 수 있다.

• 보현보살普賢菩薩의 실천[行]과 서원[願]. 보현보살은 문수보살文殊菩薩과 함께 석가모니불을 모시는 양대 협시보살脇侍菩薩로, 문수보살은 '지혜'를 상징하고 보현보살은 '실천'을 상징한다. 깨달음을 중생에 회향하여 구제하겠다는 서원과 그 실천(수행)을 '행원'이라 한다. 《화엄경》의 〈보현행원품〉에 이 내용이 잘 나타나 있다.

고봉원묘 선사는 이렇게 말했다.

> 만일 뜻이 있는 대장부라면 바로 여기에서 자취를 숨기고 빛을 감추고 가만히 행하고 은밀히 닦되 혹 20년, 30년 내지 일생 동안을 끝내 다른 잡념 없이, 참으로 확실하고 가장 뛰어나고 매우 편안하고 아주 의젓한 경지를 밟아야 한다.
> 가는 티끌도 세우지 않고, 한 치의 풀도 나지 않고, 가고 옴에 걸림이 없고, 다니고 멈춤에 자유롭게 되면, 이 몸의 인연이 다하여 떠나는 날에 틀림없는 결과를 얻을 것이다.
>
> 《선요》

철두철미하게 공부했다 하더라도, 선지식 말씀 따라서 인적 드문 곳에 찾아가서 10년이든 20년이든 평생이든 지낼 수 있어야 한다. 바깥의 명리를 추구하지 말고, 오로지 자기 안의 성품을 살펴봐야 한다. 그렇게 하심하고 물러나면 스스로를 더 잘 알아서 본인의 부족한 점을 분명히 보게 된다. 인욕선인으로 지내셨던 부처님의 전생담을 거울삼아, 도를 속히 이루려고 하면 안 된다. 늘 살얼음 걷듯이, 가랑비에 옷 젖듯이 조심해야 한다.

사실 화두가 타파되었으면, 세월 따라 저절로 평안하게 되는 것이 이 공부다. 그러나 전생 숙업인지는 몰라도, 업이 너무 진한 이도 있다. 이와 같은 자는 인위적으로 각찰覺察(깨어서 살핌)해서라도, 업에 끄달려가지 않도록 노력해야 한다.

그런 과정을 다 거친 사람은 자연스럽게 자비 실천을 하는 모습을 통해 거듭나게 된다. 이런저런 모든 인연을 오랫동안 겪어내고 성숙해져서, 자비의 화신으로 거듭나 보살행을 하게 된다.

화두 들 때도 보였는데, 화두 타파하고 난 뒤에는 더 밝아지고 맑아졌으니, 더 진실하게 공부해야 한다. 공부 끝났다고 기분 내키는 대로 살면, 도리어 마군의 업을 짓게 되고 반야를 비방한 죄가 커지게 된다.

공부하고 난 뒤에 삼학三學을 더 철두철미하게 닦되, 닦은 바 없이 닦아야 한다. 화두 들 때처럼 몰입하라는 것이 아니라, 차분하고 자세하게 갈무리하라는 말이다. 그러면 장차 더 큰 인연을 열게 되고, 남한테 크게 베푸는 재목이 될 것이다.

하지만 자칫 좋은 인연을 소홀히 하고, 안타깝게도 엉뚱한 것에 신경 쓰며 시간을 허비하면 안 된다. 뼈저리게 자기 공부해야, 더 많은 사람에게 회향할 수 있다. 이것이 부처님 은혜를 갚는 일이고, 진정한 불사佛事다.

부처님께 공양 올릴 수 있는 안목을 여는 것이 진정한 법공양이다. 이것을 어떻게 해야 되는지 알고 마음 쓰는 수행자의 모습을 눈여겨보며 존중해야 된다.

무엇보다 스스로 그렇게 될 수 있도록, 깊은 인연을 눈 열어야 한다. 또 그런 진실된 공부인을 존중할 때, 불법이 세상에 주목 받게 되고 많은 사람을 일깨우게 될 것이다.

이렇게 완전하게 한 덩어리가 되어서 성품이 흰 연꽃처럼 되었다면, 어디에 가도 담연해진다. 어떤 경계 속에 들어가도 걸림이 없고, 물들어도 물든 바가 없을 것이다. 상이 떨어지고 없는 자리에서, 무애행으로 수많은 중생들을 제도할 수 있는 시절인연이 형성되면, 불법이 융성해지고 불교가 한층 더 빛날 것이다.

선지식은 "기다려라! 늘 정진해라! 법문 많이 듣고, 참고 견디면서 최선을 다하라!"고 당부한다. 수행자가 그렇게 삼가며 시간 보내다 보면, 인연 따라 눈을 뜨게 된다. 선지식의 호법에 힘입어 화두 들고 공부한 그 입장만 하더라도 소중히 생각하고, 법답게 살 수 있는 근거를 가져야 한다.

뭔가 들뜨고 남들의 눈에 띄고 싶어서, 본인을 드러내는 짓을 하면 오히려 다친다. 숨어서 점점 더 큰일을 감당할 수 있는 역량을 키워야 한다. 이 경계 저 경계를 다 맛보고, 온갖 것을 뛰어넘을 수 있는 힘을 구축해야 한다. 어디에도 머물거나 집착해서는 안 된다. 공부했다는 상을 내려놓고, 자기 마음을 자세히 비춰가면서 세월 보내는 것이 좋다. 그러면 안목이 깊어지고, 더 큰 인연도 생기게 된다. 늘 부끄러움을 아는 수행자로서 겸손하게 정진해가면, 내일은 오늘보다 틀림없이 나아질 것이다.

한편 공부하고 난 뒤 생사에 크게 부딪치는 인연을 만났을 때, 진정으로 자기 모습을 돌이켜보고 점검할 수 있어야 한다.

미처 예상치 못했던 큰 사건이 벌어졌을 때, 과연 마음이 어떠했는가? 여여했나? 아니면 속으로 크게 놀랐는가? 사건 후에도 빨리 내려놓아지던가? 후유증이 없었는가? 아니면 가슴속에 응어리져서 답답한 것이 남아 있는가? 직접 부딪쳤을 때 돌이켜보면 안다.

언제 어떤 큰 파도가 일어난다 하더라도, 흔들리지 않는 모습을 지니고 쓸 수 있어야 한다. 그런 공부 힘이 과연 자신에게 있는지 없는지는 스스로 잘 알 것이다. 마음에 잔 그림자가 남겨지지 않는 인연을 몸소 여는 것은 쉽지 않은 일이다.

우리는 이 공부를 함께 한 이상, 최선을 다해서 소중하게 간직하여야 한다. 내일의 밑천으로 삼고, 다른 사람한테 귀감이 될 수 있도록 해야 한다.

일대사인연一大事因緣은 모든 것을 초월하는 것이다. '알고, 모르고'에 관계없이, 늘상 드러난 이 일 외에 또 다른 일은 다시없는 줄 알아야 한다. 눈뜬 사람이라면, 흘러가는 대로 인연을 바로 살펴서 가야 한다. 그러면 나뿐만 아니라 남들에게까지도 이익을 돌리고, 또 존경을 받는 그런 모습으로 거듭날 것이다.

이 시점부터 미래가 다하도록 최선을 다해서 노력하다가, 그 정진의 끝을 모든 인연 있는 이들과 함께 회향廻向하겠다는 자세로 계속 나아가야 한다. 그렇게 노력을 이어가다 보면, 모든 것이 원만하게 회향되는 밝은 내일이 반드시 올 것이다.

부록

초심자를 위하여

1 종교의 안목

2 깨달음의 권선

1

종교의 안목

고등종교가 출현한 것은 불과 5천여 년 전의 일로서, 오랜 인류의 역사에서 볼 때 일천한 사건에 지나지 않는다. 종교가 등장한 이후, 인류의 삶의 질은 엄청난 변화를 겪었다. 종교를 통하여 비로소 인류는 지혜의 눈을 뜨고, 우주의 실상을 통찰할 수 있게 되었다.

우리의 삶을 올바로 영위함에 있어서는 두 개의 수레바퀴가 균형을 이루어야 한다. 한쪽은 정신적인 축으로서의 종교생활이고, 다른 한쪽은 물질적인 축으로서의 사회생활이다. 이 둘이 짝을 이루어 나란히 굴러가야 조화로운 삶을 영위할 수 있다.

종교를 믿는 목적은 진리를 깨닫기 위한 것이다. 아무리 종교를 열심히 믿어도, 진리를 깨닫지 못한다면 초등학교 과정만 수십 년 다니며 허송세월한 것과 같다.

일반인들에게 종교가 어렵게 느껴지는 이유는, 일상의 상식 차원에서 종교를 이해하기 때문이다. 일반 사회상식과 종교는 서로 차원이 다르다.

사회상식이 주관과 객관이 구분되는 상대세계의 가치관이라면, 종교는 주관과 객관이 하나로 통일된 절대세계를 지향한다. 이 점을 간과하고 일상의 상식적인 가치관으로 종교의 가치관을 재단하려다 보니, 올바른 이해와 가치 판단이 어려워진다.

세상에 대한 일반적인 이해에서 한 걸음 더 나아가 높은 차원의 진리에 대한 안목을 열면, 종교의 깊은 세계를 통찰하는 일은 그리 어렵지 않다.

사람들은 세상을 바꾸려 하지만, 사실은 세상을 보는 자신의 눈을 바꿔야 한다. 사람들의 안목이 높아지면, 세상은 저절로 변한다.

일반적인 사회윤리의 입장에서는 "선善은 진리이고, 악惡은 진리가 아니다"고 말한다. 그렇지만 종교의 입장에서는 "진리 그 자체는 선악을 다 포용하지만, 선악에 물들지 않는다"고 한다. 종교의 절대적 진리에는 선뿐만 아니라 악도 포함된다. 선에만 진리가 존재하고 악에는 없다면, 이것은 논리적으로 모순이다. 진리는 모든 것을 포용해야 하기 때문이다.

진리는 상대세계를 넘어서 있다. 그러므로 모든 상대적인 것들을 받아들이지만, 어느 한쪽으로 치우치지 않는다. 인연에 따라 선도 일어나고 악도 일어나지만, 어느 것에도 물들지 않고 본래청정하다.

진리는 둘로 갈라질 수 없다. 진리는 전체가 되어야 한다. 그 속에서는 선도 부분이고, 악도 부분이다. 천당도 그렇고, 지옥도 그렇다. 일체 모든 것들은 다 진리 속에 존재하며, 진리를 떠나서는 존재할 수가 없다. 이렇게 상대적인 사회가치와 절대적인 종교 사이의 '차원의 차이'를 잘 이해하는 것이 지혜를 눈뜨는 첫걸음이다.

상대 차원에서는 갈등이 끊이지 않지만, 절대 차원에서는 모든 갈등이 해소되어 자유와 평등이 모순 없이 구현된다. 상대 차원에서는 자유와 평등이 서로 모순적이지만, 절대 차원에서는 자유가 평등이고 평등이 자유다.

이것은 종교적 차원에 대한 안목이 열려야 비로소 납득할 수 있다. 그래서 종교의 안목을 여는 것을 해탈解脫이라고 하는 것이다. 상대적인 온갖 갈등으로부터의 자유는, 전체를 볼 수 있는 마음의 눈이 열릴 때 가능해진다.

그러므로 보다 성숙한 종교의 안목을 열고 싶은 사람이라면, 일반 교육을 넘어서는 수행의 세계에 관심을 가져야 한다. 수행修行이란, 인간이 모든 번뇌와 갈등으로부터 벗어나는 자유의 길이다. 인간의 진정한 성숙은 수행을 통해 이루어진다.

2

깨달음의 권선

종교까지는 상식과 윤리가 통한다. 그러나 형식적인 종교마저도 넘어서는 궁극의 진리에 다가가려면, 깨달음을 통해 얻어지는 지혜가 필요하다.

지구에서 가장 깊은 바다인 태평양은 최신 과학 장비로 측정한 결과 그 수심이 만 미터 이상인 곳도 있다고 한다. 그 넓고 깊은 바다에 밝은 해가 비출 때, 햇빛은 바닷속 몇 미터까지 가닿을 수 있을까? 아마 기껏 몇 십 미터 정도이고, 아무리 많이 잡아도 백 몇 미터 이상은 비추지 못할 것이다. 그럼 햇빛이 미치지 못하는 깊은 바다 속은 어떤 상태일까?

우리 마음속도 그와 같다. 깊으면 깊을수록 그 밑은 더 이상 비춰 볼 수 없는 칠흑 같은 근본무명, 무간지옥이 자리 잡고 있다. 어떻게 하면 그 무명 칠통을 깨트려, 짙디짙은 어둠을 대명천지같이 환하게 밝힐 수 있을까?

오랫동안 어둠에 잠겨 있는 근본무명을 타파할 수 있는 힘은 오직 지혜의 광명에서만 나온다. 지혜는 태양보다 더 밝은 빛을 비추기 때문이다. 그 힘이 우리에게 있는데도, 우리는 그 기능을 발휘하지 못하고 어둠 속에 갇힌 초라한 형색으로 일상을 살아가고 있다. 그러니 허망한 꿈을 꾸고, 돌고 도는 윤회를 벗어나지 못한다. 하는 일마다 시비와 갈등이 일어나니, 화택火宅이고 고해苦海라는 것이다.

다행히 부처님께서 생사를 벗어나 사바세계의 이 언덕[此岸]에서 열반涅槃의 피안彼岸으로 넘어갈 수 있는 길을 제시해주셨다.

수많은 종교들이 명멸했지만, 유일하게 불교佛敎만이 지혜의 눈을 뜰 수 있는 '깨달음의 수행법'을 세상에 전하고 있다.

석존께서 보드가야의 보리수 아래에서 대각을 성취하였을 때, 당신 혼자만 '불성'을 가지고 있는 것이 아니라 일체중생 모두가 평등하게 구족하고 있다는 사실을 알게 되었다. 중생은 단지 스스로 미혹하여, 이 사실을 자각하지 못하고 있을 뿐이다. 부처님께서는 자비심으로 지혜를 열어 보임으로써, 누구나 깨달을 수 있는 방편을 제시하였다.

그 덕분에 인류는 지혜의 눈으로 어리석음과 어둠을 타파하고, 안심입명의 삶을 누릴 수 있게 되었다. 그야말로 인간정신의 혁명적 전환이 가능하게 되었다. 부처님의 가르침에 따라 번뇌 망상의 고통에서 벗어나, 누구나 지혜와 자비의 광명 속에서 살아갈 수 있는 길이 열린 것이다. 인류 역사에서 이보다 더 다행스러운 사건은 없을 것이다.

인간은 깨달음의 눈을 떠야, 삶의 질을 획기적으로 개선할 수 있다. 일체 중생 누구나 깨달을 수 있다는 가르침이야말로, 부처님께서 사바세계에 전한 자비의 법보시法布施다.

지혜 광명이야 말로 번뇌 망상을 물리치고 칠흑 같은 근본무명을 깨트릴 수 있는 유일한 힘이다. 그 지혜의 빛이 나에게 있다고 하는데, 어떻게 해야 그 빛을 밝혀 어둠을 깨트릴 수 있을까?

불공도 해보고, 기도도 하며, 염불도 해보고, 경전도 읽으며, 삼천배도 하는 등 온갖 노력을 다 해보지만 지혜는 쉽게 발현되지 않는다. 그렇기 때문에 과거 눈 밝은 선지식들께서 참선參禪을 통해 지혜를 발현할 수 있는 공부법을 창출해내었다.

승속을 막론하고 누구나 근본무명을 밝히고 진리실상을 깨닫는 정확한 참선법이 있다. 옛 조사祖師들은 오랜 정진 끝에, 마침내 우리 모두가 실현할 수 있는 바른 수행법을 창안하여 전해주셨다. 진실로 감사한 일이다.

선지식의 가르침에 따라 수행하면, 실제로 위대한 지혜 광명이 터져 나와 모든 고통이 사라지고 저절로 안심입명安心立命이 된다. 여기에 인류 구원의 길이 있다.

참선은 인류의 가장 고귀한 정신문화 유산이라고 할 것이다. 그러므로 부처님과 역대 조사들의 가르침을 좇아 지혜 광명을 밝히고 생사 문제를 해결하겠다는 발보리심發菩提心의 중요성은 아무리 강조해도 지나치지 않다. 발심發心이야말로 지혜와 자비의 귀한 인연을 열어주는 인생의 핵심적인 전환점이다.

모든 분의 마음속에 잠재해 있는 불성佛性의 씨앗이 싹트기를 기원드리며, 나아가 깨달음의 소중한 인연을 맺으시기를 간곡히 권선한다.

《서장書狀》

간화선을 창시한 12세기 대혜종고 선사가 마흔 명의 사대부와 두 승려에게 보낸 편지 62편을 모은 책. '간화선의 교과서'라고 불린다.

- 선의 입장, 선수행을 해야 하는 이유, 선수행의 방법 등을 자세히 기술하고 있다.
- 특히 일상생활을 영위하면서 참선하고자 하는 이들을 위한 친절한 안내서로 꼽힌다.

《선요禪要》

13세기 중국 남송 말기에 선풍을 드날린 고봉원묘 선사의 법문집.

- 간화선 수행에서 고비마다 실제로 일어나는 과정을 어떻게 극복할 것인가를 구체적으로 가르치고 있다. 간화선 수행의 중요한 길잡이로 꼽힌다.
- 실제로 화두 들고 수행하지 않는 사람은 그 깊은 뜻을 파악하기 어렵기 때문에, 반드시 선지식의 가르침을 받으면서 읽어야 한다.

《몽산법어夢山法語》

13세기 후반 중국 원나라에서 활약했던 몽산덕이 선사의 간화선 수행 법어집. 우리나라에서는 고려의 나옹화상이 편찬한 이래 조선시대에 언해판이 나올 정도로 널리 유행했다.

- 화두 제시, 화두 참구법, 수행과정과 병통, 돈오, 보임법 등을 간략하게 설명한다.
- 특히 초심자가 화두를 어떻게 들어야 하는지에 대한 자세한 설명이 나와 있다.

《참선경어參禪警語》

17세기 초 중국 명나라의 조동종 선사였던 박산무이가 참선 수행에서 생길 수 있는 병통을 지적하고 후학을 경책하기 위해 쓴 책.

- 화두 참구법에 대한 자세한 설명이 나와 있어, 조동종曹洞宗에서도 화두를 참구했다는 사실을 알 수 있다.
- 의정疑情을 일으키는 자세한 가르침과 화두 참구상의 여러 선병禪病에 대한 정확한 대처법이 담겨 있다.

문헌

ㄱ

ㄴ

ㄷ

ㄹ

ㅁ

ㅂ

ㅅ

ㅇ

ㅈ

인명

看話心訣